GOLDMANN
RATGEBER

Buch

Dieses Handbuch verbindet durch eine ungewöhnliche Kombination zwei Aspekte der Entspannung. Es zeigt, wie sich Meditation in die Massage integrieren läßt, beleuchtet die beiden scheinbar gegensätzlichen Aktivitäten von der Seite des Gebenden und des Empfangenden und erklärt so die Harmonie zwischen der auf sich selbst gerichteten, in körperlicher Stille und innerer Dunkelheit ausgeführten Meditation und der zwischenmenschlich-aktiven Massage.
George Downing führt den Leser durch zahlreiche Übungen an die verschiedenen Aspekte der beiden Erfahrungsbereiche heran.

Autor

Georg Downing ist Masseur und Autor des erfolgreichen Buches »Partnermassage« (Goldmann-Taschenbuch · 10742).

GEORGE DOWNING

MASSAGE UND MEDITATION

Aus dem Amerikanischen übertragen
von Sw. Prem Adeha

GOLDMANN VERLAG

Titel der Originalausgabe: Meditation & Massage
This translation is published
by arrangement with Random House Inc., New York

Zeichnungen: Martina Morlok

Der Goldmann Verlag
ist ein Unternehmen der Verlagsgruppe Bertelsmann

Made in Germany · 3/89 · 1. Auflage
Genehmigte Taschenbuchausgabe

Umschlaggestaltung: Design Team München
Umschlagfoto: Susesch Bayat, Berlin
Druck: Presse-Druck Augsburg
Verlagsnummer: 10460
JJ · Herstellung: Sebastian Strohmaier
ISBN 3-442-10460-2

Inhaltsverzeichnis:

Eine neue Stufe

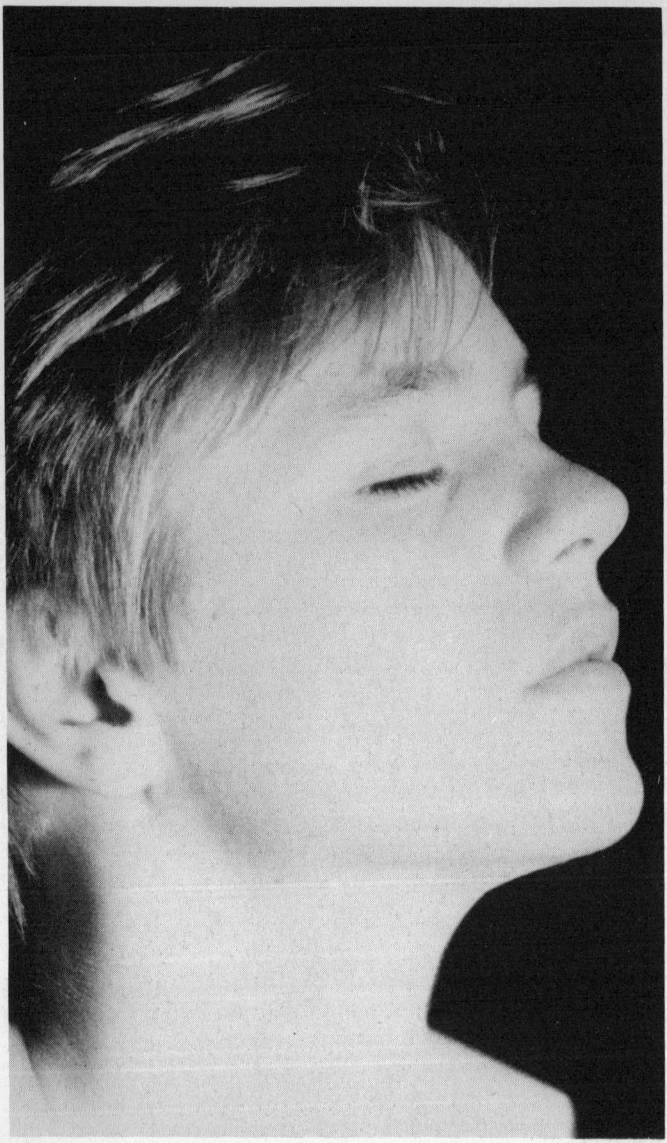

Titel und Absicht dieses Buches mögen Dich überraschen. Massage *und* Meditation? Was soll das „und" hier? Wird nicht Massage zwischenmenschlich, durch Aktionen und Bewegungen ausgeführt, und in der Praxis die eigene Aufmerksamkeit auf eine andere Person konzentriert, anstatt sie auf sich selbst zu richten? Und wird Meditation nicht gänzlich persönlich, in absoluter körperlicher Stille und innerer Dunkelheit mit geschlossenen Augen ausgeübt? Sind dies nicht zwei völlig beziehungslose Disziplinen? Zwei unterschiedliche Universen? Nicht im geringsten.

Die Betrachtungsweise dieses Buches ist dem entgegengesetzt. Massage und Meditation sind sich im Grunde sehr ähnlich. Darüberhinaus kann man die zwei Aktivitäten so zusammenfügen, daß sich neue Tiefen für beide ergeben. Und Du kannst in Dir selbst die Erfahrung machen, was es bedeuten kann, beide zusammenzuführen. Du kannst das ungezwungen tun, unabhängig davon, welche Erfahrung Du mit jeder von ihnen hattest oder noch nicht hattest.

Betrachten wir zuerst die Meditation ein wenig. Geschichtlich gesprochen, ist es weder ungewöhnlich noch fremd, vorzuschlagen, daß Meditation und einige verwandte Disziplinen in eine einzige Aktivität verschmolzen werden. Nimm die Japanische zen-Meditation als Beispiel. Traditionell perfekt still sitzend praktiziert, die Aufmerksamkeit nach innen gerichtet, haben die Methoden des zen im Osten einen wesentlichen Einfluß seit mehr als tausend Jahren. Während dieser Jahrhunderte wurde die zen-Meditation auch mit einer Reihe von anderen Aktivitäten kombiniert und diese wurden wiederum als eigene meditative Formen ausgeübt: Kalligraphie, Ikebana, *haiku*-Kompositionen und die Teezeremonie zum Beispiel. All diese physischen Aktivitäten haben sich zugleich zu Zeremonien entwickelt, als ritualisierte Erweiterungen der meditativen Prinzipien. Oder betrachte einige der asiatischen Kriegskünste: Aikido, Tai Chi Chuan, zen-Bogenschießen und eine Reihe von anderen östlichen Kampfmethoden werden zunächst als Meditation geübt und erst in zweiter Linie, um einen Angreifer zu überwältigen. Der japanische zen-Bogenschütze steht mit geöffneten Augen, seine Muskeln bereit und voller Leben, seine meditative Konzentration gleichermaßen auf die Zielscheibe und sein inneres Sein gerichtet. Der chinesische Meister des Tai Chi bewegt sich selbst bei seiner eigenen Meditation ständig, seinem Körper niemals einen völlig ruhigen Augenblick gestattend. Bei der gleichen Art von Meditation, auf den Kampf mit einem anderen erweitert, muß er zur gleichen Zeit im Innersten mit seiner eigenen Natur verbunden sein und „mit seinen Händen hörend", das geringste Flackern der Bewegungsveränderung seines Gegners registrieren.

Mit anderen Worten entdecken wir im geistigen Gesichtskreis und der Weite der östlichen Traditionen, daß die Praxis der Meditation sehr effektiv mit anderen, ähnlichen körperlichen Aktivitäten kombiniert wird, und daß das Resultat dieser Kombinationen oft eine völlig neue meditative Form ist, welche ihre eigenen Regeln, ihre eigene Tradition und ihre eigene Geschichte entwickelt. Im Laufe der Jahrhunderte passierte dies des öfteren zu verschiedenen Zeiten in einer Vielzahl von unterschiedlichen Formen. Diese Tatsache allein, läßt uns die Frage sinnvoll erscheinen, warum nicht Meditation und Massage?

Untersuchen wir nun die andere Seite, die Massage, ein wenig genauer. Laßt uns jetzt nicht betrachten, was ein Beobachter von außen sehen würde – eine Person rubbelt an den Muskeln eines anderen – sondern die innere Erfahrung der beiden beteiligten Personen. Gerade hier finden wir etwas von Interesse. Die populäre Betrachtungsweise der Massage (1) ist die, daß sie der „Entspannung" dient. Aber gerade diejenigen, die mit der Massage sehr vertraut sind, neigen dazu, anders zu sprechen. Sie werden Dir erzählen, daß beim Erleben einer guten Massage etwas „Tiefgründigeres" geschieht, als „Entspannung". Wenn ich dieses Phänomen mit meinen Worten beschreibe, komme ich mehr mit meiner eigenen Lebendigkeit in Berührung, ich fühle mich selbst einem Bereich der inneren Expansion näherkommen, einem Zustand erhöhten inneren Kontakts. Andere werden ihre Worte finden, aber eine ähnliche Erfahrung beschreiben. Das ist nicht alles. Diejenigen, die nicht nur die Massage kennen, sondern auch die Meditation, werden berichten, daß viele Aspekte dieser beiden Erfahrungsbereiche auffallend ähnlich sind. Mit anderen Worten, das „etwas mehr" durch die Massage kann ähnlich dem „etwas mehr" durch das Erlebnis der Meditation gefühlt werden. Es ist etwa so, als würden wir der gleichen Musik zuhören, durch zwei unterschiedliche Schlüssel ausgedrückt.

Überraschend genug – vieles kann auch für die Erfahrung des Gebenden einer Massage gesagt werden. Natürlich gibt es Unterschiede zwischen dem Geben und Erhalten, zwischen berühren und berührt werden. Doch,

---

(1) Ich spreche in Begriffen der traditionellen Massage, nicht von dem was heutzutage unter dem gleichen Namen in sogenannten „Massage Salons" passiert.

wenn wir uns wieder denen zuwenden, die mit der Massage vertraut sind, hören wir, daß die Erfahrung des Gebens einer Massage für viele genauso erfüllend und mannigfaltig sein kann, wie sie zu erhalten, und der Erfahrung der Meditation ziemlich ähnlich ist. Diese Möglichkeit der Intensivierung der Gefühle auf Seiten des Gebenden ist so wichtig, daß im letzten Jahrzehnt völlig neue Massagestile, besonders die am Esalen Institute in Kalifornien entwickelte „Esalen-Massage", um dieses Gebiet aufgebaut wurden. Ob wir auf der gebenden oder erhaltenden Seite sind, die Massage im richtigen Moment hat die Kraft uns für die Tiefen unseres Seins zu öffnen. So einfach wie die Massage ist, das Geheimnis liegt in ihrem Herzen. Ein Geheimnis, das sich zu erforschen lohnt.

Die Sache nimmt langsam Formen an. Von seiten der Meditation war es in der Vergangenheit des öfteren möglich, ihre Formen und Disziplinen mit denen verwandter Aktivitäten zu verbinden. Und von seiten der Massage liegt der Gedanke nahe, die Ähnlichkeiten der inneren Erfahrung näher und ausdrücklicher mit der Praxis der Meditation zu verbinden. Aber was folgt daraus? Wie kann man vorgehen, um beides zu verbinden. Wo soll man anfangen? Welche Hürden sind zu überwinden?

Wie Du selbst, durch eine Anzahl von praktischen Vorschlägen und Experimenten beginnen kannst, diese beiden Disziplinen in Deinem täglichen Leben zusammenzubringen, gerade das versucht dieses Buch zu erklären.

Ich nehme an, daß dieses Buch für jeden Leser eine andere Bedeutung hat. Welche Rolle es für Dich spielen wird, hängt wahrscheinlich davon ab, ob Du mehr oder weniger Erfahrungen mit der Massage oder getrennt davon, mit der Meditation gehabt hast.

Laß es mich gleich sagen – um dieses Buch zu benutzen, brauchst Du keine vorangegangene Erfahrung mit beiden. Wenn das Deine Situation ist, dann fange hier an, mit beidem – Massage und Meditation. Dies ist unbestritten ein ungewöhnlicher Weg, um zu beginnen, aber ich vermute, daß Du es als sehr wirkungsvoll erleben wirst. Das eingefügte Kapitel über die Massagegrundlagen und die Meditationen in sich selbst (die den Hauptteil dieses Buches ausmachen) werden ausreichen um anzufangen. Später, wenn Du in beiden Praxisformen heimisch bist, wirst Du vielleicht *Das Massagebuch* kennenlernen wollen, um zusätzliche Techniken zu erproben und desgleichen, andere gründlichere Werke über Meditation lesen wollen.

Andererseits, falls Du schon einige Zeit aufgebracht hast, Massage oder Meditation zu erlernen, dann wird dieses Buch aller Voraussicht nach einer Weiterverfolgung Deiner bislang schon erforschten Wege bedeuten. Wenn Du mit der Meditation, aber nicht mit der Massage vertraut bist, werden Dir die skizzierten Erklärungen auf den folgenden Seiten helfen, wie Du Deine meditative Erfahrung durch das Medium Berührung erweitern kannst. Wenn Du bislang die Massage kennengelernt hast, aber nicht die Meditation, dann wird die gleiche Folge von Experimenten nicht nur Deine Technik verbessern, sie wird Dir außerdem eine viel vollkommenere, reichere Empfindung Deiner Selbst geben, sobald Du eine Massage gibst oder sie erhältst. Schließlich, wenn weder Meditation noch Massage neu für Dich sind, dann wird dieses Buch Dir helfen beides so zu verbinden, wie Du es bisher nicht für möglich gehalten hast – mit Ergebnissen, die Dich überraschen mögen.

Für diejenigen, die das Massagebuch kennen, füge ich hinzu, daß ich auf diesen Seiten versuche dort weiterzumachen, wo ich aufgehört habe. Im Massagebuch habe ich eine Menge von spezifischen Techniken beschrieben, um eine Massage zu geben, und habe dann versucht, wie

Massage als tiefere Möglichkeit, als eine Art von Hauptweg für nonverbale Kommunikation zwischen Partnern und auch zur eigenen inneren Bewußtseinsveränderung von ihm oder ihr auf einem körperlichen Niveau aufgenommen werden kann. Hier gehe ich direkt zum zweiten dieser beiden – Massage als ein Torweg – über und habe in praktischer und sehr genauer Beschreibung versucht, wie die Dimension der Massage ertastet, erforscht und zu einem Teil des Lebens werden können.

Ich habe dies auf drei Arten getan.

Erstens habe ich auf den folgenden Seiten eine Reihe von kurzen, meditativen Experimenten beschrieben, die Du zu jeder Zeit erfahren kannst, in der Du eine Massage geben willst. Manche sind dazu da, eine Massage einzuführen, manche für die Massage selbst und andere sind für die Zeit nach der Massage gedacht. Alle können Dir helfen die innere Dimension Deiner Erfahrung während des Gebens einer Massage zu verstärken.

Zweitens habe ich eine Reihe von ähnlichen Meditationen beschrieben, die Du gebrauchen kannst, um Deine Möglichkeiten zu erweitern, wenn Du eine Massage erhältst. Das mag sonderbar klingen – daß es da eine Kunst geben soll, eine Massage zu erhalten, und daß diese Kunst sogar entwickelt und kultiviert werden kann. Befremdlich genug, es ist wahr. Wie tief auch immer das Gefühl Deiner eigenen Erfahrung, massiert zu werden, für Dich sein mag, da gibt es mehr, was Du hereinlassen kannst, viel mehr. Die Entwicklung Deiner Empfindungsfähigkeit durch Meditationen wird Dich lehren wie.

Drittens habe ich eine Reihe von Meditationen hinzugefügt, welche Du und ein Partner zusammen erproben können. Sie sind sehr wirkungsvoll in Verbindung mit den vorhergehenden Meditationen. Die für den Gebenden und Erhaltenden allein werden jedem von Euch erlauben, mehr, vollkommener in Euer Selbst zu gehen, und die zwischenmenschlichen Meditationen, die darauf folgen, können Euren Kontakt miteinander vertiefen.

So fang an. Wenn die Massage vollkommen neu für Dich ist, wende Dich dem Kapitel der Massagegrundlagen zu. Ansonsten beginne gleich mit den Meditationen. Ausführliche Unterweisungen, wie Du die Meditation ausführen kannst, wirst Du dort finden.

Gute Reise.

Einige Massagegrundlagen

Dieses Kapitel ist für diejenigen, die am Nullpunkt beginnen. Falls Du schon mit dem Massagebuch gearbeitet oder Massage durch irgendeine andere Vermittlung kennengelernt hast, dann sei so frei und überspringe dieses Kapitel und wende Dich geraden Wegs den meditativen Übungen zu, die hierauf folgen. Sonst schlage ich vor, Du fängst hier an. Mach Dich mit diesen Grundlagen der Massage vertraut und Du wirst von Anfang an in der Lage sein, die Verwandtschaft mit der Meditation zu erforschen und zu empfinden.

Zunächst das Problem der Einrichtung. Alles was Du wirklich brauchst, ist ein wenig Polsterung, um auf dem Boden liegen zu können und Öl. Nimm eine 2 - 5 cm dicke Unterlage, groß und weit genug, daß Dein Partner, den Du massieren willst, sich hinlegen kann und noch genug Platz frei bleibt, Dich neben ihn zu knien oder zu setzen. Oder nimm eine kleine Unterlage, z.B. einen Schlafsack mit einem bequemen Kissen und eine separate Unterlage für Dich. Nimm nur dann ein Bett, wenn es wirklich nicht anders geht: es wird Dir keine genügend feste Stütze sein. Auf einer Matratze, die Du auf den Boden legst, läßt es sich besser arbeiten.

Falls Du entdeckst, daß Du das Massieren liebst, wünschst Du Dir vielleicht einen gepolsterten Massagetisch. Ich bevorzuge einen Tisch, der ungefähr 75 cm hoch, 190 cm lang und wenig mehr als 60 cm breit ist. Genauere Informationen, wie Du Dir einen Massagetisch selbst bauen kannst, findest Du im Massagebuch.

Zum Öl: Du kannst jedes pflanzliche Öl nehmen. Oliven- und Sesamöl lassen sich am besten aus Bettüchern und Kleidung herauswaschen. Parfümiere Dein Öl mit einem Duftstoff wie z.B. Musk oder Zimt. Oder besorge Dir ein spezielles Massageöl aus einem Reformhaus.

Such Dir einen Platz aus, der warm und ruhig ist. Die Temperatur sollte bei mindestens 21°C liegen. Falls erforderlich, nimm zusätzlich einen Heizer oder eine Heizlampe. Einige Leute, die des öfteren massieren, haben sogar eine Heizlampe an der Decke aufgehängt, direkt über der Stelle, wo sie arbeiten.

So viel zu den Vorbereitungen. Mit der nächsten Stufe, wie Deine Hände Dich selbst lehren, während Du massierst, ist einfach zu beginnen.

Erkläre Deinem Partner, daß Du ihn am liebsten unbekleidet massierst oder bitte ihn, zumindest soviel Kleidung abzulegen, daß es bequem für ihn ist. Dann soll er sich hinlegen. Du kannst Dich an seine Seite setzen oder knien und stellen, falls Du an einem Tisch arbeitest. Eine andere Möglichkeit ist die, Dich mit gespreizten Beinen auf die Oberschenkel Deines Partners zu setzen. Nimm Dir Zeit. Ruhe in Dir selbst. Sei sicher, daß Du Dich wohlfühlst.

Nimm als nächstes das Öl, schütte Mal für Mal ungefähr einen halben Teelöffel zuerst in Deine eigene Hand und verteile es dann sanft auf der Haut Deines Partners. Bedecke die gesamte von Dir zuerst ausgesuchte Fläche, die Du massieren willst, mit einem kaum sichtbaren Ölfilm.

Dann fang an. Beginne mit der Bewegung Deiner Hände, halte Deine gesamte Handfläche in Berührung mit dem Körper Deines Partners. Deine Hände sind jetzt Deine Lehrer; höre auf sie so gut Du kannst.

Ein paar Dinge sind es wert, sofort erklärt zu werden: Du mußt Deine Hände entspannt führen. Viele, die dies nicht realisieren, neigen zu verspannten Händen, während sie massieren. Das setzt ihre Sensibilität herab, macht ihre Bewegungen krampfhaft, und bewirkt unnötige Müdigkeit in ihren Armen und Handgelenken. Versuche stattdessen Deine Hände so locker und beweglich wie möglich zu führen.

Ein weiterer Punkt ist das Ausüben des Druckes. Sei bestimmt und fest in Deinen Bewegungen, ohne Dich zu verspannen, lege ein wenig von Deinem Gewicht in Deine Hände. Probiere verschieden starken Druck aus und frage Deinen Partner bei jeder Veränderung, um herauszufinden, wann er sich am besten fühlt. Die meisten Körper sind nicht zerbrechlich, und es wird wahrscheinlich so sein, daß Dein Partner mehr Druck spüren möchte, als Du angenommen hast.

Während der Massage auch die übrigen Körperteile im Auge zu behalten, ist ein anderes Geheimnis von großem Wert. Das bedeutet zuallererst, daß Du auf Dich achtgibst, indem Du Dein Gewicht und Deine Haltung, wann immer es notwendig ist, veränderst, um so entspannt wie möglich zu bleiben. Damit ist auch gemeint, daß Du Deinen Körper so bewegst wie es Dir natürlich erscheint, wenn Du mit Deinen Händen massierst. Denk ein wenig an Schaukeln oder ans Tanzen; die Bewegungen mögen dabei von außen schwer zu beobachten sein, aber Du selbst solltest Sie in Deinem Bewußtsein haben. Der Effekt wird zweifach sein; Du wirst Dir Deine Kraft erhalten und Deinen Händen eine fließendere Bewegung ermöglichen.

Das wichtigste von allem: Experimentiere mit der Bewegung Deiner Hände in jeder Weise, die Du Dir denken kannst. Erforsche zum Beispiel alle Bewegungsarten Deiner Handflächen. Achte hierbei auf das Feedback Deines Partners, so daß Du herausfinden kannst, wie er sich am wohlsten fühlt. Als nächstes, vielleicht, führe Deine Hände in Kreisen, erst kleineren, dann größeren. Fang dann an, mit Deinen Händen sorgfältiger die Struktur der Knochen und Muskeln unter der Haut zu erforschen. Denke dabei nicht an formale Anatomie, ob Du sie nun kennst oder nicht. Frage stattdessen Deine Hände: Welche Bewegung verlangt diese weiche Stelle hier, oder diese harte Stelle dort. Wie könnte man gerade diese spezielle Muskelpartie am besten ausmeißeln, gliedern, dem Partner zu Bewußtsein kommen lassen.

Experimentiere mit verschiedenen Rhythmen, mach Dich selbst mit den unterschiedlichen Auswirkungen von langsamen, mittleren und schnelleren Bewegungsabläufen vertraut. Gebrauche Deine Hände nicht nur mit den gesamten Handflächen. Knete zum Beispiel so, als ob Du ein Brot kneten würdest. Oder nimm nur Deine Fingerspitzen: Presse sie fest, in kleinen Zirkeln gegen die unter der Haut liegenden Muskeln. Oder klopfe sanft. Oder klapse. Oder tu, was immer Dir gerade einfällt.

Jeder Teil des Körpers wird Dir, wenn Du es zuläßt, etwas Neues empfehlen. Kannst Du einen Weg finden, die Umrisse des Gesichtes zu skizzieren? Oder zwischen die Zehen zu gehen? Oder die Konturen des Schulterblattes seinem Besitzer deutlicher zu machen? Denk an Deine Hände und den Körper Deines Partners, als befänden sie sich in einem Dialog, und daß es Deine Aufgabe ist, diesem Dialog soviel Raum wie möglich zu geben.

Mach Dir keine Gedanken über die richtige Art sich von Körperteil zu Körperteil zu bewegen. Fang an, wo Du willst und höre auf, wo Du möchtest. Wenn Du Dir vornimmst, mehr als einen Körperteil zu massieren, dann gib jedesmal, wenn Du ein neues Gebiet erforschst, etwas Öl auf die nächste Partie. Reduziere die Anzahl der Veränderungen der Körperlage Deines Partners auf ein Minimum. Der Rücken, möchte ich hinzufügen, ist ein ausgezeichnetes Gebiet, um neue Striche auszuprobieren. Außerdem wirst Du es am einfachsten finden, Deinen Partner in der Rückenlage zu haben, wenn Du die Arme, Hände, Füße und den Nacken massierst.

Vielleicht noch wichtiger: Denk nicht daran, wieviel (oder wie wenig) Du tust. Achte lieber darauf, daß Du Dich nicht ermüdest. Du wirst sehr viele neue Wege der Bewegung und Haltung Deines eigenen Körpers erforschen und wenn Du Deinen eigenen Rhythmus nicht beachtest, mit wunden Muskeln erwachen. Außerdem ist es jetzt noch nicht nötig, eine komplette Massage zu geben. Konzentriere Dich lieber auf ein oder zwei Partien des Körpers, das wird Dir und Deinem Partner mehr bringen.

Was nun? Wie kannst Du von hier aus mehr Massagetechniken erlernen? Unzählige von spezifischen Techniken gibt es natürlich: einige Jahrhunderte alt, andere die im letzten Jahrzehnt an Growth-Zentren, wie dem Esalen Institute, entwickelt wurden. Wenn Du wirklich alles erforscht hast, was Du mit Deinen eignen Händen machen kannst, wird es Dir später einfacher fallen, traditionelle Methoden aufzunehmen. Vielleicht wirst Du mit dem Massagebuch beginnen, oder irgendeinem anderen, das Dir hilfreich erscheint. Oder nimm an einem Kurs oder einem Workshop teil. Oder tausche Deine Erfahrungen mit einem Freund aus, der massieren kann. Experimentiere erst für Dich – mache Dich mit Deinen Händen vertraut, als wären sie zwei neue Freunde – das ist die Hauptsache. Danach, falls Du herausfindest, daß Massage Dir gefällt, daß Du mit ihr mehr und mehr vertraut bist, wird mehr technisches Wissen fast ganz von selbst kommen.

Schließlich, vergiß nicht, sofort oder so schnell, wie es Dir von hier aus ratsam erscheint, mit den folgenden meditativen Übungen anzufangen. Natürlich hat Massagetechnik ihren Platz, ich wäre der letzte, der das bestreiten würde. Was Du von der meditativen Seite lernen kannst, geht jedoch über jede Technik hinaus. Wie ich vorher schon sagte, was jeden von uns zur Massage führt, ist das Verlangen nach Berührung und ein wenig Sinn für erweitertes Bewußtsein hierdurch. Beginne mit dieser Anschauung und ich verspreche Dir, die Massage wird Dich gut behandeln, besser und viel schöner als Du je vermuten könntest.

Wie Du die Meditation anwendest

Die folgenden Seiten beinhalten detaillierte Beschreibungen von fünfundvierzig Meditationen. Sie wurden in drei Abschnitte unterteilt: der erste für den Gebenden einer Massage, der zweite für den Empfangenden, und der letzte für beide zusammen. Innerhalb eines jeden Abschnittes sind einzelne Meditationen für die Zeit vor, während und nach dem Geben oder Erhalten einer Massage. Die Meditationen erklären sich weitgehend selbst. Lies jedoch zuerst die unten aufgeführten Vorschläge, und Du wirst diesen Teil des Buches leichter benutzen können.

*Fang klein an. Es gibt kein Muß, alle Meditationen sofort auszuführen. Nimm ein oder zwei, die Dir zusagen, laß Dein Selbst mit ihnen experimentieren und komm später zu einigen anderen zurück.

*Die Reihenfolge der Meditationen ist unwichtig. Wenn Du mehr als eine während einer Massage ausprobieren möchtest (d.h., in der Periode davor, während oder nach einer Massage), nimm jede Ordnung, die Du willst. Bei einigen Meditationen habe ich besondere Kombinationen als speziell wirksam vorgeschlagen. Fühle Dich frei, Deine eigenen Reihenfolgen und Kombinationen zu ergänzen.

1

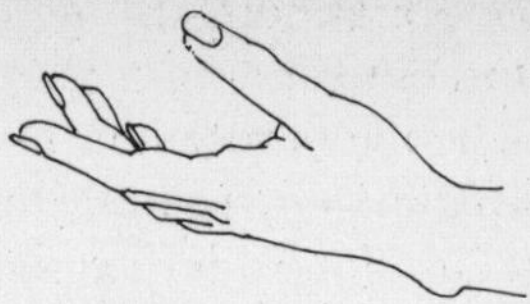

2

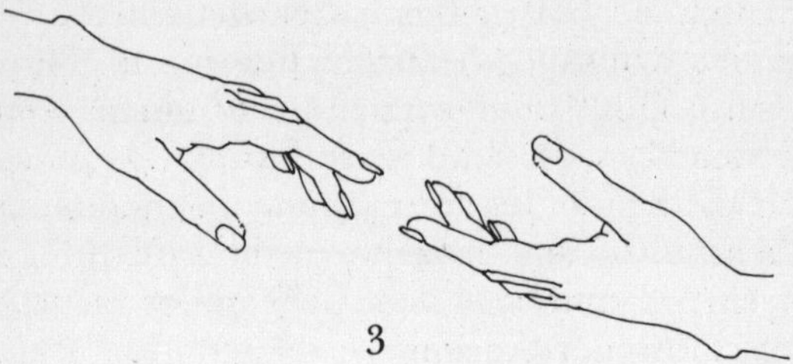

3

*Die Symbole 1, 2 und 3 wurden eingeführt, um Dir auf Deinem Weg durch die einzelnen Abschnitte zu helfen. Symbol Nr. 1 weist auf eine Meditation für den Gebenden der Massage hin, Symbol 2 ist für den Empfangenden, und Nr. 3 für beide zusammen gedacht.

*Gleichwohl interessant, ist es nicht Voraussetzung, daß beide, Gebender und Empfangender einer Massage, die Meditation nutzen. Du kannst jede für Dich alleine ausführen (mit Ausnahme natürlich derjenigen für Euch beide), unabhängig von Deinem Partner und seiner Erfahrung.

*Verändere die Zeitspanne, die Du für eine Meditation anwenden möchtest, nach eigenem Wunsch und Belieben. Trotzdem rate ich Dir hier noch einmal, klein anzufangen, nimm Dir für eine einzige Meditation ungefähr fünf oder weniger Minuten Zeit. Dann, wenn Du mit ihnen vertrauter bist, magst Du diese Spanne solange ausdehnen, wie es Dir passend erscheint.

*Einige Meditationen erfordern, daß Du sitzt (mit Ausnahme der besonders gekennzeichneten). Bei der einen sitzt Du mit gekreuzten Beinen auf dem Fußboden, oder falls Du es vorziehst, auf einem Kissen. Bei der anderen sitzt Du auf einem Stuhl mit einer geraden Lehne, die Knie ein paar Fußbreit voneinander entfernt. Versuche in beiden Fällen bequem aufrecht zu sitzen, ohne Anstrengung, und falls nicht anders vorgeschlagen, mit geschlossenen Augen.

*Dieser letzte Vorschlag ist der wichtigste von allen: Führe ein Tagebuch. Schreib die Meditationen, die Du ausprobiert hast nieder, auch Deine Erfahrung, die Du mit ihnen gemacht hast. Datiere Deine Eintragungen und jede darauf folgende und dann schau zurück, um zu sehen, wo Du gewesen bist. Je länger die Zeitspanne ist, in der Du dieses Tagebuch führst, desto lebendiger wird Deine eigene innere Entfaltung sich auf diesen Seiten zu zeigen beginnen.

Meditationen für den Gebenden einer Massage

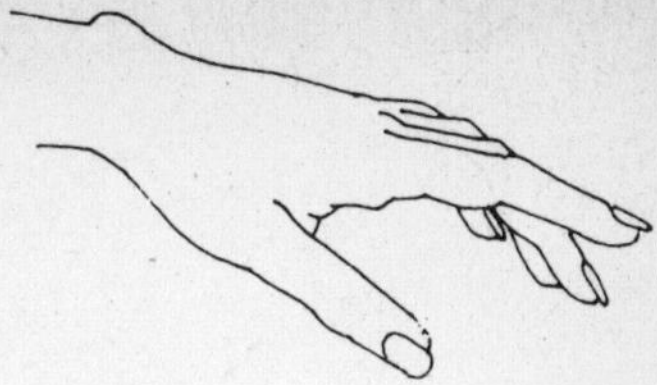

1 Hier ist eine der einfachsten und grundlegendsten Formen einer Atemmeditation. Sie ist schon für sich genommen eine gute Meditation, und für alle folgenden der beste „Aufwärmer”.

Sitze bequem. Schließe Deine Augen. Laß Deine Hände entweder mit den Handflächen nach oben auf Deinen Knien oder in Deinem Schoß mit leicht nach oben gerichteten Fingern ruhen. Richte Deine Aufmerksamkeit in Deinen Bauch, laß Deinen Atem dort hin fließen, und Deinen Bauch bei jeder Einatmung ausweiten und mit jeder Ausatmung zurück nach innen ziehen. Erlaube Deinem Atem seinen eigenen Rhythmus: zwinge ihn in keiner Weise tief oder gleichmäßig zu sein, oder irgendein besonderes Atemmuster zu übernehmen.

Halte Deinen Atem nicht an, wenn Deine Einatmung beendet ist. Versuche jedoch nach jeder Ausatmung zu warten, bis Dein Atem sich „selbst entscheidet”, zurückzukehren. Er mag sofort zurückkommen oder einige Sekunden später; laß ihn Dir erzählen, was er tun möchte. Richte Deine besondere Aufmerksamkeit auf die Veränderung seiner Länge, und auf das Gefühl und das Gefüge seiner natürlichen Pause nach jeder Ausatmung.

Falls Dein Atem sich nach oben in die Brust verlängern möchte, laß es zu. Unterdrücke nicht natürliche Bewegungen Deiner Rippen. Versichere Dich nur, daß nach jedem Atemzyklus Dein Atem wieder in Deinen Bauch zurückkehrt und daß Deine Aufmerksamkeit dort verankert bleibt.

Und das ist schon alles. Folge getrost Deinem Atem, als gäbe es nichts anderes zu tun. So einfach es auch klingt, hier ist eine der besten Türen, die Du Dir selbst öffnen kannst.

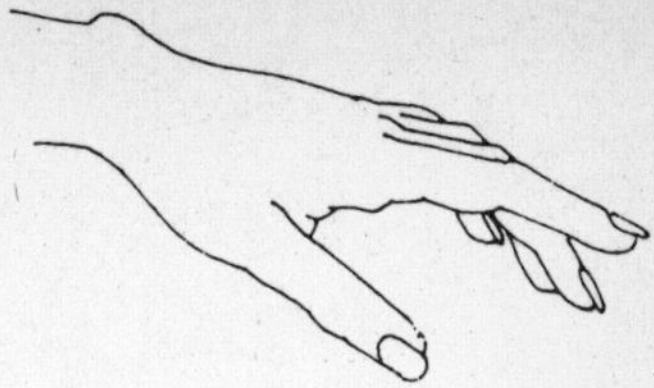

2 Eine klassische Meditation, um Dich selbst stärker in Kontakt mit Deinen Händen zu bringen.

Sitze bequem. Richte Deine Aufmerksamkeit für eine Minute oder länger auf die Atembewegungen in Deinem Bauch – so wie in der Meditation 1. Halte dann Deine Hände vor Dich, etwa einen halben Meter entfernt, halte die Handflächen so, daß sie zueinander stehen. Stell Dir bei jedem Atemzug vor, daß Deine Einatmung in Deinen Bauch und Deine Ausatmung Deine Arme hinunter und in die Hände wandert. Gib besonders auf die Art Deiner Gefühle acht – körperlich und emotional – die sich in den Händen entwickeln, wenn Du in sie hineinatmest.

3 Es gibt einige Möglichkeiten, um die vorhergehende Meditation auszuweiten. Hier ist eine davon.

Nachdem Du für eine Weile in Deine Hände geatmet hast, konzentriere Dich exakter auf eine Stelle im Zentrum jeder Handfläche. Jetzt stell Dir vor, daß Dein Atem Deinen Körper genau an dieser Stelle verläßt. Dann, nach ein oder zwei Minuten, denke Dir, daß sich ein Strahl von Licht oder Energie durch diese beiden Flächen hin und her bewegt. Spiele mit diesem Strahl, experimentiere mit ihm, indem Du Deine Hände gegeneinander (laß sie sich aber nicht wirklich berühren) und wieder auseinander bewegst. Beobachte, an welchen Punkten Deine Hände noch näher zusammenkommen möchten, an welchen Punkten sie auseinanderstreben wollen und an welchen Punkten Du ein besonderes Gefühl der Verbundenheit zwischen ihnen spürst.

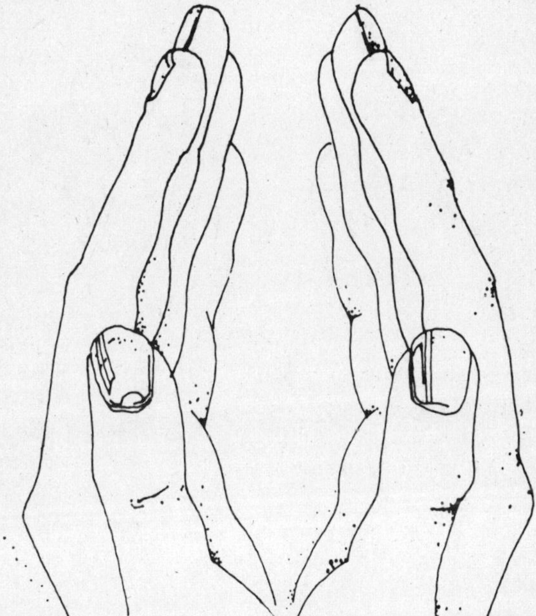

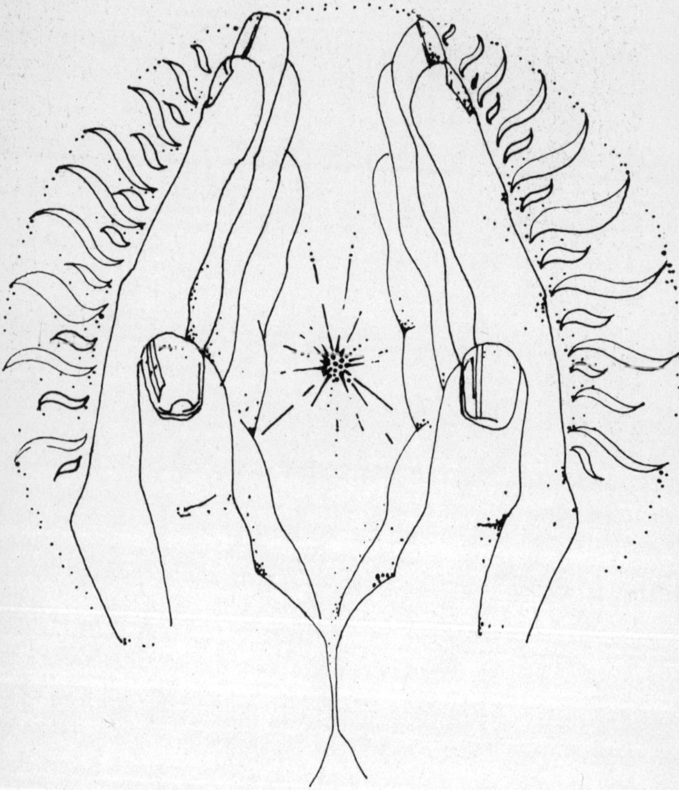

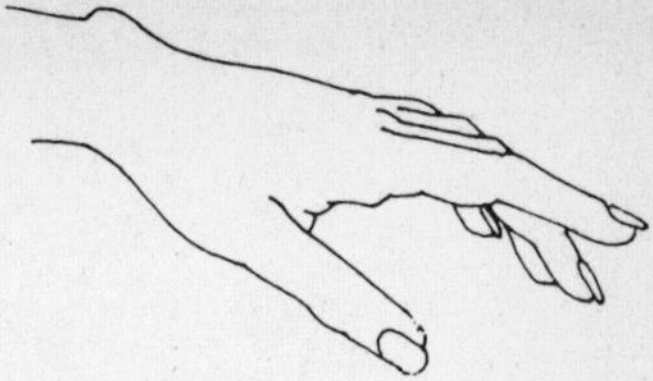

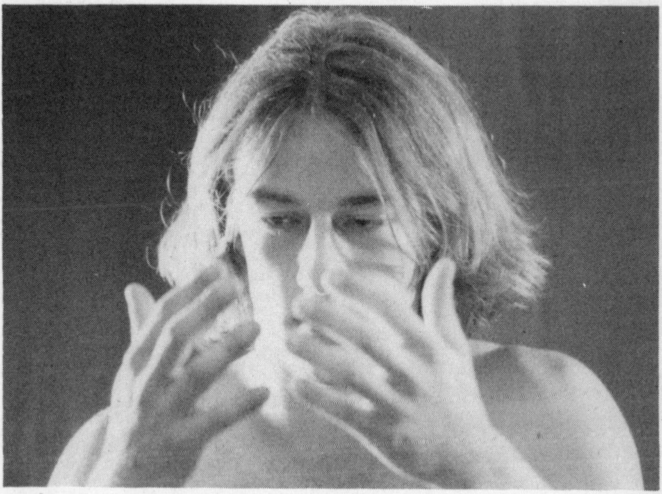

4 Eine andere Möglichkeit, die zweite Meditation zu erweitern.

Schließe Deine Hände zu lockeren Fäusten. Beginne damit, in sie hineinzuatmen – wie in Meditation 2. Doch öffne nun bei dem Ausatmen Deine Hände ein klein wenig. Es mag schwer sein, Deine Hände so zurückzuhalten, daß sie sich nicht mit einem Male öffnen. Versuche trotzdem, Deine Hände während einiger Atemzügen langsam völlig zu öffnen. Dann, wenn sie sich gut geöffnet fühlen (ohne gestreckt oder überdehnt zu sein), stell Dir mit jedem Atemzug vor, daß sie mit jeder Ausatmung physisch ein wenig größer werden. Laß zur gleichen Zeit mit jeder Ausatmung die Muskeln in Deinen Händen sich in jedweder Form bewegen, die sie wollen.

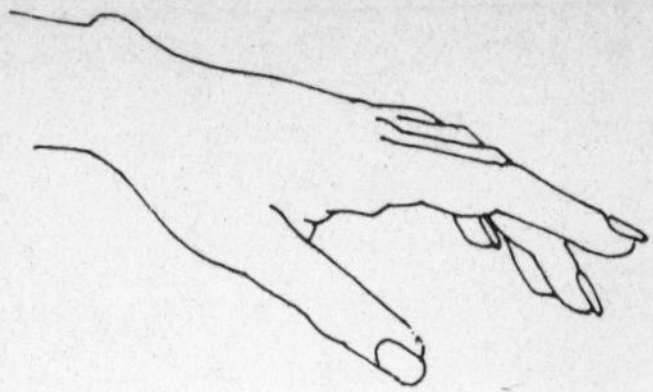

5 Mehr mit Deinen Händen.

Halte Deine Hände ein Stück von Dich und atme wie in Meditation 2 in sie hinein. Stell Dir jetzt vor, daß Deine Hände wärmer werden, daß sie mit jeder Ausatmung ein klein wenig wärmer werden. Stelle es Dir so lebhaft wie möglich vor. (Hättest Du die erforderlichen Meßinstrumente, würdest Du sehen, daß diese Meditation tatsächlich die Körpertemperatur Deiner Hände anhebt!)

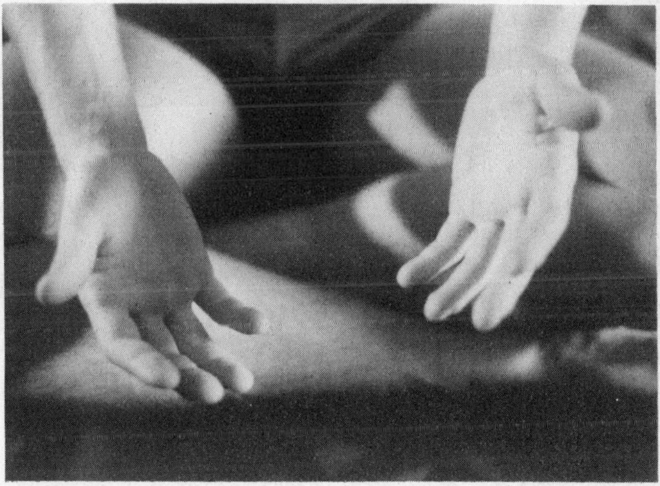

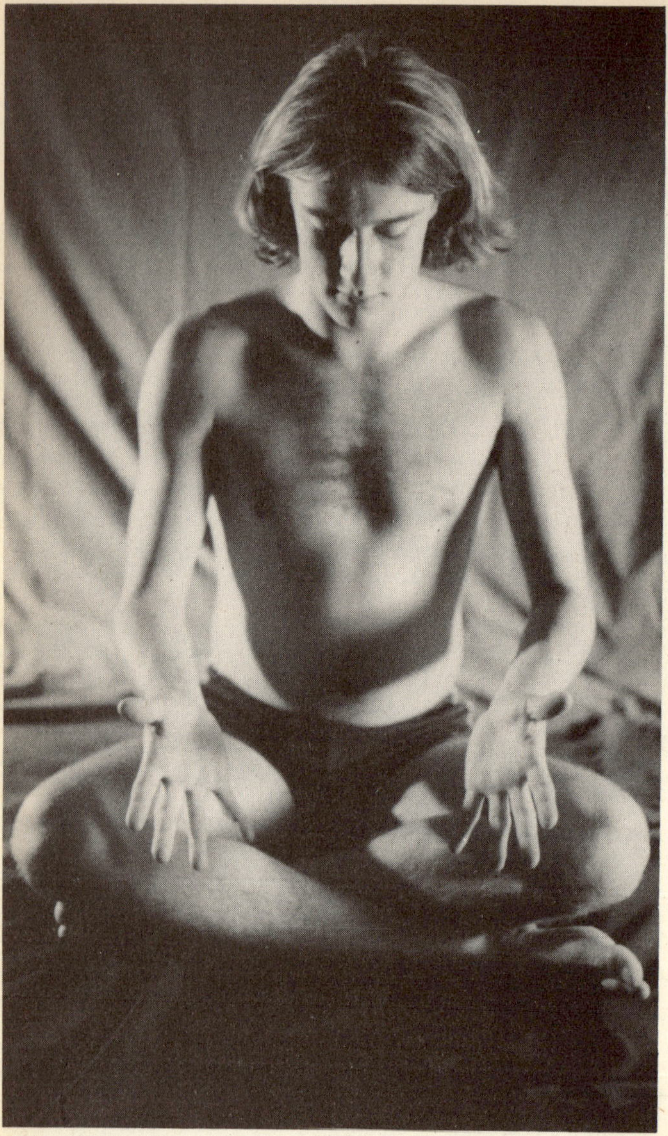

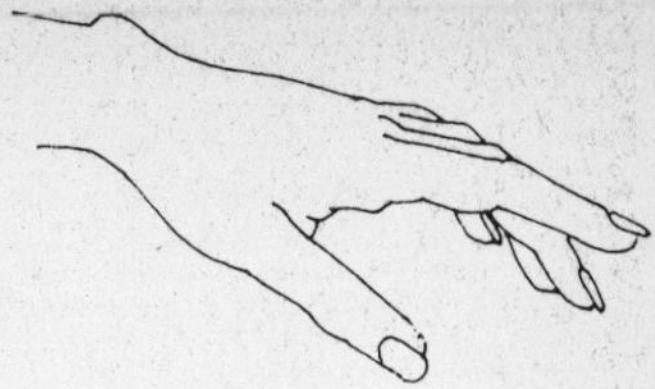

6 Eine komplizierte, aber eine der besten Methoden, um Dich stärker in Berührung mit Deinen Händen zu bringen.

Atme in Deine Hände – wie in Meditation 2. Dann, wenn Du Dich bereit fühlst, öffne Deine Augen und schau auf Deine Hände. Versuche Deine Augen nicht anzuspannen; kümmere Dich nicht darum, ob Deine Hände deutlich zu sehen sind. Versuche sie trotzdem konstant im Zentrum Deines Gesichtsfeldes zu halten, ohne wegzuschweifen.

Sage zur gleichen Zeit immer und immer wieder zu Dir selbst: „Das bin ich". Gleich welch andere Gedanken in Dir auftauchen, oder welche ungewöhnlichen visuellen Phänomene auftreten, komme immer wieder zu Deinen Händen zurück und zur simplen Bestätigung. „Das bin ich".

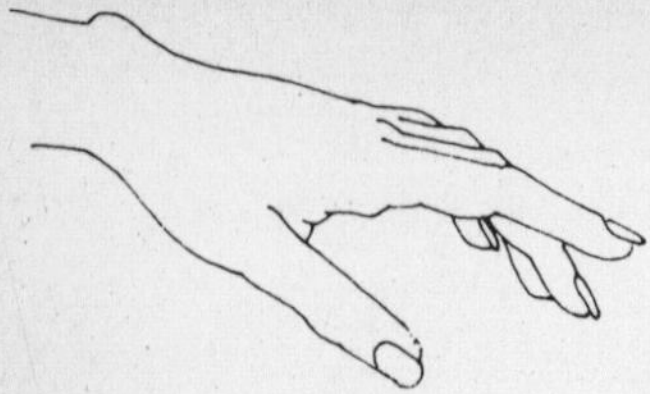

7 Um wirklich gut zu massieren, mußt Du auch mit der unteren Hälfte Deines Körpers so intensiv wie mit Deinen Händen in Berührung sein. Um die Sprache der Bioenergetik zu gebrauchen: Deine körperliche Ausdrucksmöglichkeiten einem anderen gegenüber hängen von der sorgfältigen „Erdung" Deines Körpers ab. Hier ist ein Experiment das auf der Arbeit von Magda Proskauer beruht. Es kann Dir helfen, Dich stärker in Kontakt mit Deinem Becken und Deinen Beinen zu bringen.

Lege Dich auf den Rücken. Bringe Deine Knie hoch, so daß Deine Beine mit den Fußsohlen auf der Erde stehen. Halte Deine Füße auseinander, etwa schulterbreit. Laß nun Deinen Atem in den Bauch fließen, wie in der Meditation 1. Erinnere Dich, die Vorderseite Deines Bauches bei jeder Einatmung anzuheben und bei jeder Ausatmung ein wenig sinken zu lassen. Besinne Dich ebenso, auf die natürliche Pause nach jeder Ausatmung zu achten.

Füge nach ein paar Minuten die folgende Bewegung Deinem Atemrhythmus hinzu: Hebe Dein Becken bei jeder Einatmung ein wenig vom Boden ab und setze es bei jeder Ausatmung sanft auf den Boden zurück. Streng Dich dabei nicht an; hebe Dein Steißbein gerade zwei bis fünf Zentimeter leicht vom Boden ab. Lasse die Bewegungen so leicht wie möglich ineinanderfließen. Nimm die gesamte Länge Deines Atems, um hoch und

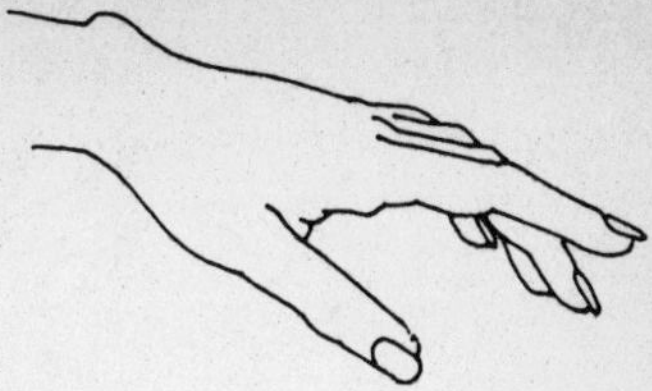

wieder herunterzukommen. Ruhe Dich während der kurzen Atempausen aus, ohne das Gefühl des Atemflusses im Becken loszulassen.

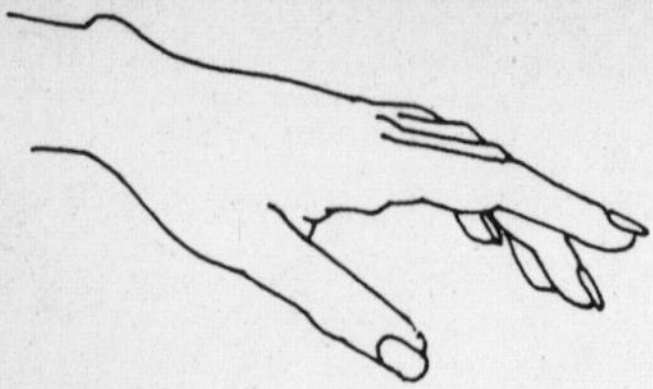

8 Mehr für das Becken und die Beine.

Stehe bequem. Schließe wie üblich Deine Augen. Halte Deine Füße in Schulterbreite auseinander. Sind Deine Knie locker? Wenn nicht, lockere sie ein wenig.

Laß nun Deinen Atem in Dein Becken fließen, wie in Meditation 2.

Stelle Dir dabei vor, daß Du alle Muskeln der Beckengegend löst, so als würdest Du es Deinen Muskeln ermöglichen, sich ein wenig von der Haut und den Knochen zu trennen – so als ob Du Deinen Atemfluß zwischen Muskeln und Knochen fließen läßt. Stell Dir vor, daß die Vorderseite Deines Bauches weicher und weicher wird, den Hintern, der anfängt herunterzuhängen, den Beckenboden, die Genitalien, den After und das sie umgebende kleine Muskelgeflecht – wie sie sich langsam Stück für Stück lockern. Stelle Dir zur gleichen Zeit vor, wie das Gewicht Deines Körpers mehr und mehr in Deine Beine sinkt.

Verlagere Dein Gewicht jetzt auf eine Seite, so daß Du auf einem Fuß stehst. (Laß den anderen Fuß am Fußboden aber belaste ihn nicht.) Denke weiterhin an Deinen Atem, wie auch daran, Dein Becken zu lockern und gleichzeitig herunterzulassen, und zur gleichen Zeit laß Dein Gewicht selbst noch stärker auf dem Bein lasten, auf dem Du stehst. Nimm Dir Zeit, beachte wie immer die Pause nach jeder Ausatmung. Dann, wenn

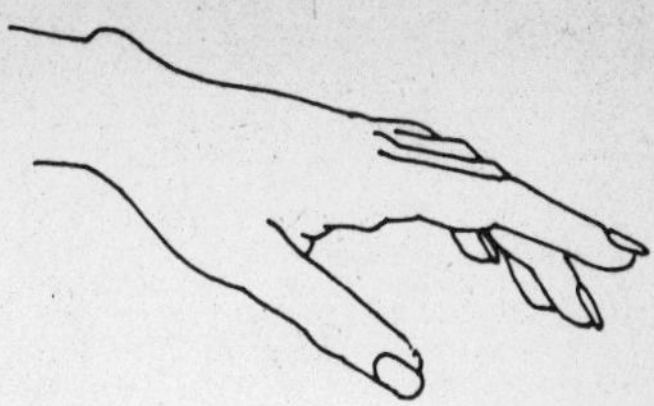

Du Dich bereit fühlst, verlagere Dein Gewicht auf den anderen Fuß und tue das gleiche.

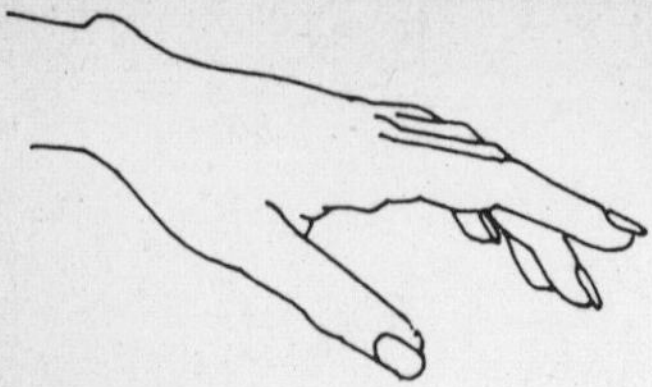

9 Diese Meditation ist für Deine Füße gedacht, aber auch als Erweiterung der Meditation 7.

Lege Dich auf den Rücken. Atme in Dein Becken, so wie in Meditation 1. Beginne Dir nach und nach vorzustellen, daß Dein Atem nicht nur in Dein Becken fließt, sondern auch Deinen rechten Fuß hinunter. Denke Dir Deine Einatmung, als eine Reise, Dein Bein hinunter, und Deine Ausatmung, als würde der Atem die Sohle Deines Fußes verlassen.

Dann, wenn Du Dich bereit fühlst, füge Deinem Atemrhythmus die folgende Bewegung hinzu. Biege langsam Deinen Fuß während des Einatmens (d.h. strecke Deine Ferse so, daß Deine Zehen sich in Kopfrichtung bewegen) und laß Deinen Fuß während der Ausatmung in eine Position zurückkehren, in der er natürlicherweise ruhen möchte. Bewege Dich sanft, ohne Anstrengung. Ruhe zwischen den Atemzyklen und atme weiterhin Dein rechtes Bein hinunter. Beuge und entspanne Deinen Fuß in dieser Art und Weise ein halbes bis zu einem Dutzend mal.

Mache dann das gleiche in umgekehrter Richtung. Verlängere Deinen Fuß mit jedem weiteren Einatmen (d.h., spanne nun den Knöchel so, daß die Zehen von Dir fortzeigen) und laß ihn beim Ausatmen zu seiner natürlichen Ruheposition zurückkehren. Mach dies sechs bis zwölf mal.

Wiederhole diese Atemfolge mit dem anderen Bein

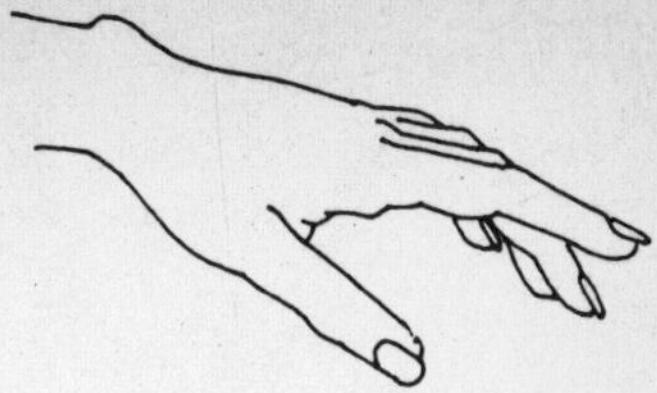

und Fuß. Dann, wenn Du das Gefühl hast, genug zu haben, fertig zu sein, stehe auf und fühle wie es ist, wieder auf dem Boden zu stehen.

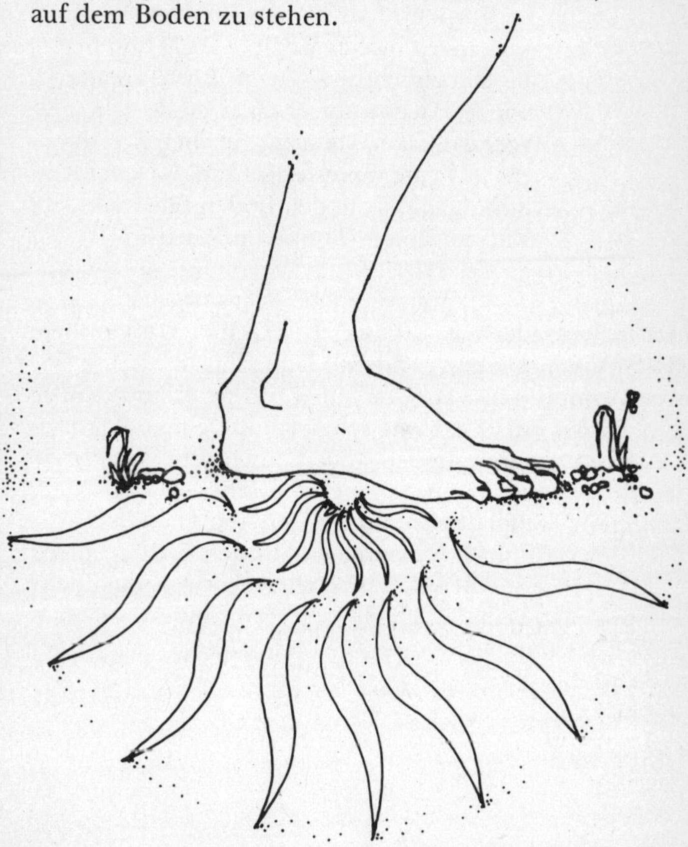

10

Eine weitere Übung für die Füße und eine schöne Fortsetzung der Meditation 9. Stehe bequem. Laß Deinen Atem in Dein Bekken gehen, wie in Meditation 1, und beginne allmählich „in" Deine Beine zu atmen, wie in Meditation 9. Nur stelle Dir jetzt vor, daß Dein Atem zur gleichen Zeit durch beide Beine hinunter geht, daß Deine Ausatmung direkt in den Boden führt und den Fuß an einem Punkt im Zentrum Deiner Sohle verläßt.

Achte besonders darauf, welches Gefühl Du von dem Boden unter Dir hast, während Du in ihn ausatmest. Wie weit, könntest Du Dir vorstellen, dringt Dein Atem in den Boden ein? Und was scheint mit Deinem Atem zu passieren, wenn er in den Boden hineingeht? Stellst Du Dir vor, daß er zu einem geraden Strahl von Luft wird? Eine sich drehende Strömung? Verstreuter Nebel? Welche Beschaffenheit beginnt der Boden anzunehmen? Lebendig? Tot? Beweglich? Stillstehend? Freundlich? Fremd? Wie verändern sich diese Empfindungen, während der Übung?

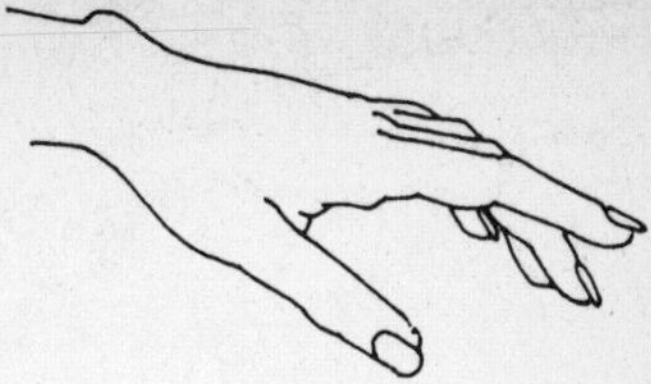

11

Jeder von uns besitzt in sich ein hochempfindliches Radarsystem, das die körperlichen Spannungsmuster anderer aufnehmen kann. Diese Meditation hilft Dir, stärker in Berührung mit Deinem eigenen Radar zu kommen.

Sitze bequem. Dein Freund soll etwa fünfundzwanzig bis fünunddreißig Zentimeter von Dir entfernt stehen. Bereite Dich selbst durch Meditation 1 vor, atme in Deinen Bauch. Dann, wenn Du Dich bereit fühlst, öffne Deine Augen und erlaube ihnen langsam mehrere Male, ohne zu stoppen, am Körper Deines Partners auf und nieder zu gleiten. Schließe dann Deine Augen, mach Dir ein Bild vom Körper Deines Partners, entwickle in Dir Bilder, wie Du in irgendeiner Weise heilend oder pflegend auf den Körper Deines Partners einwirken kannst. Du magst Dich sehen, wie Du einen Nacken berührst, eine besänftigende Flüssigkeit auf einen Fuß gibst, einen Strahl Licht auf eine Schulter sendest, oder was immer sonst. Wenn Du gar nichts siehst, öffne Deine Augen für einen weiteren Blick, schließe sie dann wieder und versuche es erneut. Sei offen, es ein paar Mal zu probieren, falls es notwendig ist.

Du magst diese Meditation am Anfang als sehr schwierig empfinden. Mit einiger Übung kann sie jedoch auch zu einer wichtigen inneren Vorbereitung für das Geben einer Massage werden, eine gute Informationsquelle über Muskelverspannungen bei demjenigen, den Du gerade massieren willst.

12

Diese Meditation, ein wenig komplizierter als die andern, kann eine besonders wirksame letzte Vorbereitung vor dem eigentlichen Beginn einer Massage sein.

Es gibt zwei Möglichkeiten, sie auszuführen. Eine ist, sich auf den Rücken zu legen, mit leicht nach außen gespreizten Armen und Beinen; die andere, Deinen Partner sich niederlegen zu lassen, als würdest Du ihn jetzt massieren und Kontakt mit dem Körper Deines Partners aufnehmen, indem Du Deine Handflächen leicht an seinen Körper führst.

Beginne mit der Beckenatmung, wie in Meditation 1. Dann, nach einer kurzen Weile, fange an, in Deine rechte Hand zu atmen (erinnere Dich an Meditation 2). Mach dies mindestens sechs Atemzüge lang. Dann wende Dich Deinem rechten Fuß zu, und mach das gleiche ebenfalls mit Deinem linken Fuß. Und schließlich mit Deiner linken Hand.

Wiederhole diesen Kreislauf mehrmals – rechte Hand, rechter Fuß, linker Fuß, linke Hand – diesmal jeweils nur einen Atemzug bei jedem Glied verweilend. Dann, wenn Du Dich bereit fühlst, sende Deinen Atem in mehreren Zügen gleichzeitig zu beiden Händen und beiden Füßen. Versuche die „Balance" Deiner Gliedmaßen zu verbessern, so daß alle vier gleichmäßig in Deinem Bewußtsein vorhanden sind, wenn Du in sie hineinatmest. Wenn Du jetzt sitzt oder stehst, versuch

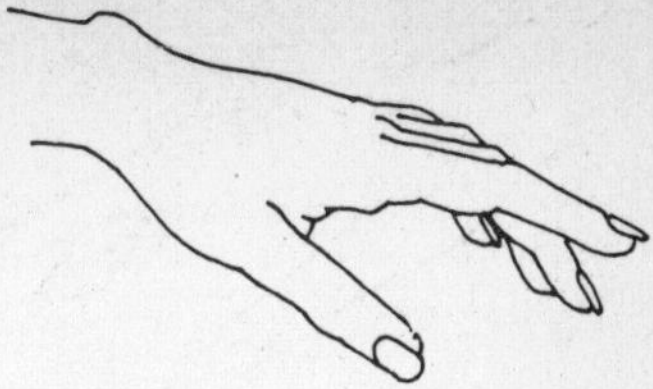

Deine Sinne in Kontakt mit Deinem Partner vor Dir zu bringen und mit dem Boden unter Dir.

13

Dies ist eine grundlegende Atemmeditation, die Du am Anfang jeder Massage ausführen kannst, wenn Deine Hände mit der ersten Bewegung am Körper Deines Partners beginnen. Sie ist auch zu jedem anderen Zeitpunkt während der Massage hilfreich. Im Grunde genommen ist es eine Rückkehr zu Meditation 1, und eine Erweiterung dieser während der eigentlichen Massage. Kehr zu ihr zurück, so oft Du möchtest.

Während Du sitzt oder stehst, laß Deinen Atem in Dein Becken fließen, wie in Meditation 1. Gestatte Deinem Atem jeden Rhythmus, den er wünscht. Laß ihn nach jeder Ausatmung entscheiden, wann er zurückkehren möchte.

Denke zur gleichen Zeit so an die Bewegung Deiner Hände, als würde sie aus dem Becken entstehen. Entspanne Deine Schultern so oft wie möglich und denk Dir, daß Dein Oberkörper, Arme und Hände lediglich eine Verlängerung Deines Beckens sind. Wenn Du aufmerksam beobachtest, wirst Du feststellen, wie jede kleinste Bewegung Deiner Hände die Position und innere Empfindung in Deinem Becken beeinflußt und wie jede Bewegung sogar die Beckenatmung verändert.

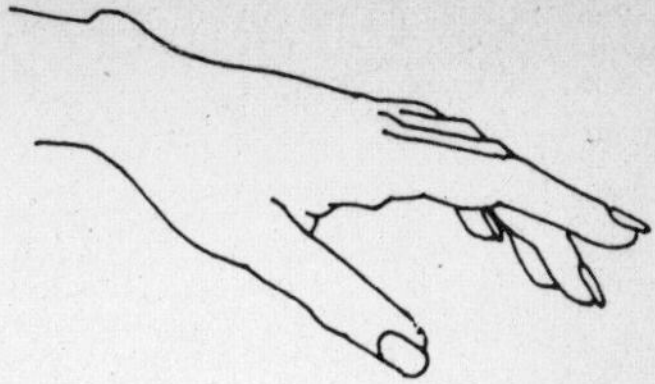

14

Hier ist eine sehr natürliche Erweiterung der Meditation 13.

Mache mit der Beckenatmung weiter – wie in Meditation 13. Versuche aber jetzt Dir vorzustellen, daß Deine Ausatmung mit jedem Atemzyklus von Deinem Bekken zu Deinen Armen und Deine Arme hinunter in Deine Hände fließt. Nach einer Weile kannst Du Dir auch vorstellen, daß Deine Ausatmung durch Deine Handflächen hinaus in die Haut der Person, die Du massierst, hineinfließt. Laß gleichzeitig die Bewegungen Deiner Hände ihren Ursprung im Becken haben. Denk an den Weg Deiner Ausatmung als würde der Fluß der Bewegung in Deinem eigenen Körper aufgezeichnet.

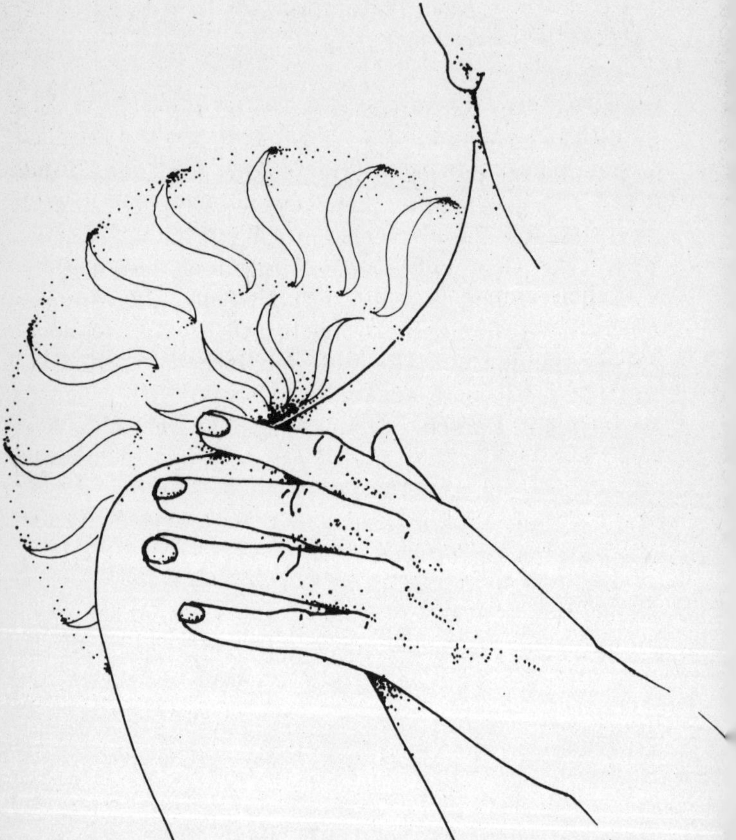

15 Eine Meditation für das Arbeiten am Massagetisch.

Massiere mit Deinen Händen wie gewöhnlich und beginne zur gleichen Zeit, Deine Aufmerksamkeit auf Deine Füße zu richten. Nimm den Druck der Sohlen gegen den Boden wahr; und nimm, während Du mit Deinen Händen massierst, die winzigen Veränderungen Deiner Gewichtsverlagerung in der Beziehung Deines Knöchels zum Fuß wahr. Zur gleichen Zeit stell' Dir vor, daß Dein Atem Dein Bein hinunter in den Fuß, und heraus aus dem Zentrum Deiner Sohle wandert.

Wenn Du Dich bereit fühlst, wende Deine Aufmerksamkeit zum anderen Fuß und tue das Gleiche. Versuche es dann mit beiden zusammen, indem Du gleichzeitig beide Beine hinunter und in den Boden atmest. Dann, wenn Du noch mehr probieren möchtest, versuche in beide Füße und Hände zugleich zu atmen. Wie in Meditation 12, versuche in ausgewogenem Kontakt mit Deinem Partner und mit dem Boden unter Dir zu sein.

16 Eine andere einfache und wirksame Meditation, die Du bei der ersten Kontaktaufnahme mit Deinem Partner oder zu jedem anderen Zeitpunkt während der Massage ausüben kannst.

Folge Deinem Atem eine Weile, ohne dabei den Atemrhythmus zu verändern. Richte dann Deine gesamte Aufmerksamkeit auf die Atmung Deines Partners. Achte dann entweder auf die Bewegungen Deines Körpers oder lasse Deine Hände mit geschlossenen Augen auf seinem Brustkorb, Bauch oder unteren Rücken ruhen. Versuche Dich vollständig dem Rhythmus und der Qualität seines Atemzyklus anzupassen.

Sehr wahrscheinlich wirst Du dabei ein sonderbares Phänomen bemerken. Je mehr Du Dich Deinem Sehen oder Fühlen hingibst, desto mehr wird Dein eigener Atem sich dem Rhythmus Deines Partners anpassen. Laß es geschehen. Dann, wenn Euer beider Rhythmen harmonisch zusammenfließen, stell Dir vor, daß ein einziger Atemzug Euch beide füllt. So als würdet Ihr beide zusammen von etwas „beatmet", das von größerer Kraft ist.

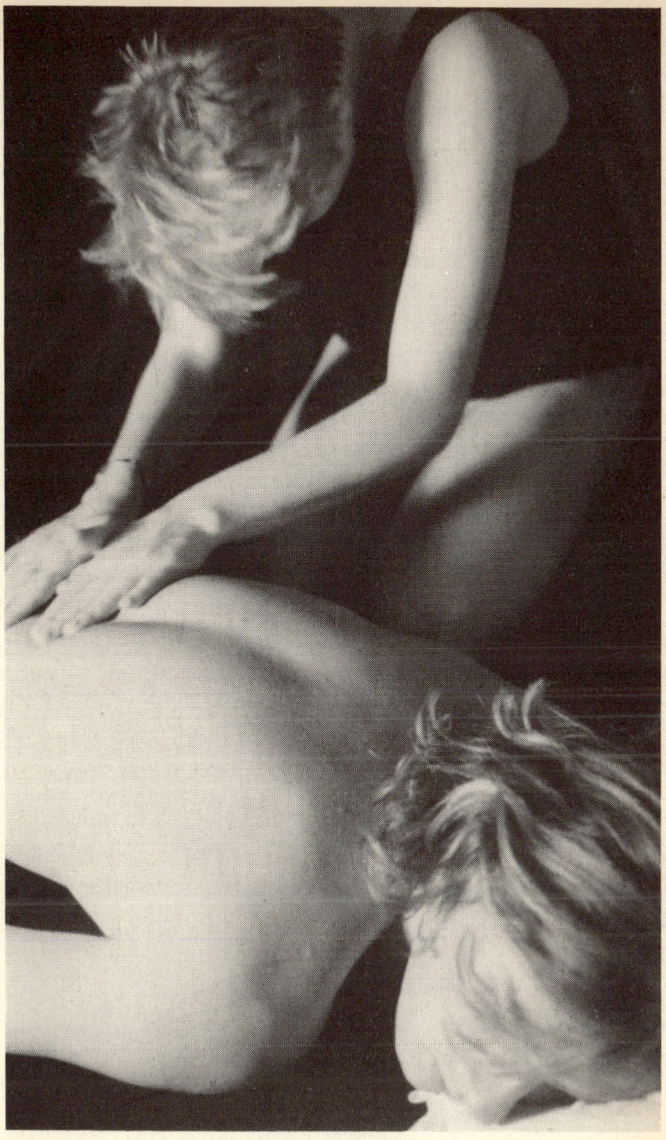

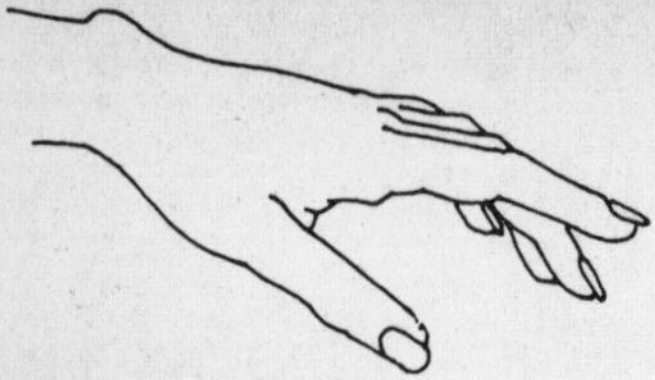

17 Ein anderer, interessanter Weg, gleichzeitig in Deinem eigenen Körper und dem Deines Partners zu sein.

Gleich welchen Körperteil Du massierst, richte Deine Aufmerksamkeit ebenso auf den entsprechenden Teil Deines eigenen Körpers und stell Dir vor, daß Deine Hände Euch beiden Entspannung und Vitalität bringen. Mit anderen Worten, willst Du den Nacken Deines Partners massieren, dann sei Dir Deines eigenen Nackens bewußt, als würden Deine Hände, während sie das Gewebe Deines Partners berühren und heilen, die sonderbare Fähigkeit haben, auch Dich zu berühren und zu heilen.

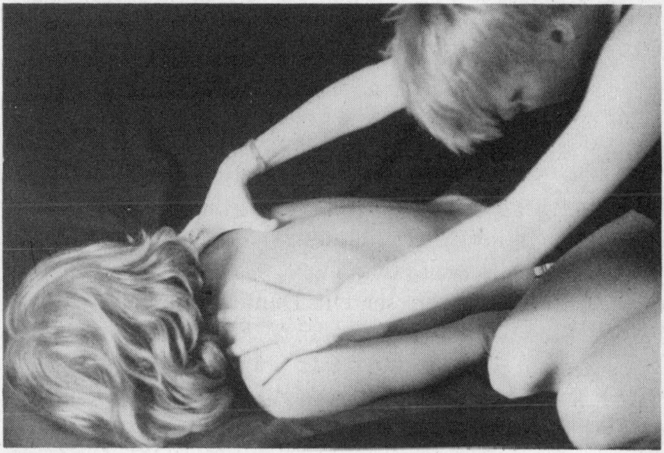

18 Will man meditativ massieren, ist es einleuchtend, dazu die traditionellen Heilungsmeditationen einzusetzen. Hier ist eine grundlegende Meditation. Ich würde vorschlagen, sie nicht mehr als einmal während einer Massage anzuwenden. Reserviere sie für den Körperteil Deines Partners, der aus irgendeinem Grund von Dir besondere Aufmerksamkeit dieser Art verlangt.

Bereite Dich zuerst durch eine der anderen Meditationen vor. Dann, wenn Du Dich bereit fühlst, lege Deine Hände sanft auf die von Dir ausgewählte Stelle, auf die Du Dich konzentrieren willst. Halte ab jetzt Deine Augen geschlossen und bewege Deine Hände nicht. Stell Dir vor, daß sich eine heilende Energie durch Deine Hände auf den von Dir berührten Körperteil überträgt. Nimm Deinen Atem zu Hilfe und atme durch Deine Handflächen in den Körper Deines Partners. Stell Dir zur gleichen Zeit den berührten Körperteil so vor, als wäre er völlig gesund, entspannt und vital. Fange dann langsam an, mit Deinen Händen zu massieren. Versuche dieses Bild vor Dir zu haben, so als würden Deine Hände auf ihre Art zu Deinem Partner sagen, „Schau, so kannst Du sein."

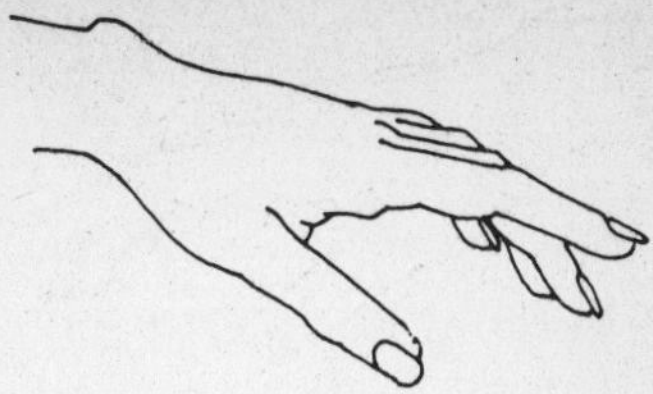

19 Diese letzte Übung ist eine Meditation über die Vergänglichkeit*.

Laß Dir für einige Minuten zu Bewußtsein kommen, daß der Körper mit dem Deine Hände arbeiten, sterblich ist, und daß – sie oder er – früher oder später sterben muß und daß in diesem Sinne unter Deinen Händen gerade das Fleisch eines Wesens liegt, das dem Tode ins Angesicht sieht. Der Poet Rilke sagte zu Leben und Tod, daß das „eine ohne das andere zu bejahen, eine Begrenzung ist, die letztendlich alles Unendliche ausschließt". Denke in demselben Geist an Deine eigenen Aktionen als würdest Du zelebrieren: Ein Ritual Deiner Hände akzeptiert und achtet diesen unvermeidlichen Tod.

*Eine Meditation, die Du auswählen magst oder nicht. Was sie für Dich bedeutet, wird sehr von der Art und Weise Deiner augenblicklichen Beziehung zum eigenen Tod abhängen. Wenn Du diese Frage weiterverfolgen willst, empfehle ich Dir Stanley Kelemanns Buch.

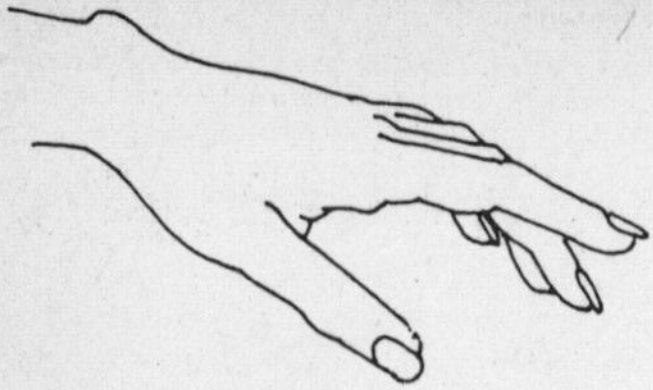

20

Dies ist eine Meditation, die Du unverzüglich nach einer Massage ausführen kannst.

Lege Deine Hände auf den Körper Deines Freundes, um sie dort ruhen zu lassen. Halte sie ruhig, ohne jeglichen Druck, die Handflächen gegen ihre oder seine Haut. Halte Deine Augen geschlossen. Spüre den Atem in Deinem Becken und denke, – wie in Meditation 14 – Du atmest durch Deine Hände aus.

Dann, wenn Du Dich bereit fühlst, nimm langsam und sanft Deine Hände zurück, jedoch nicht zu weit. Laß sie so ruhen, drei bis vier Zentimeter von der Oberfläche des Körpers Deines Partners entfernt. Frage Dich: was passiert jetzt noch in meinen Händen? Welche Empfindungen hast Du dabei? Und besonders, auf welche Art hast Du noch ein Gefühl der Verbindung mit Deinem Partner?

Laß den Abstand dann größer werden, um einige Meter, oder gehe auf die andere Seite des Zimmers. Sitze nun, wenn Du magst, und halte Deine Hände ein wenig von Dir entfernt. Bleibe bei Deinen Händen. Was geht in ihnen noch vor? Welche Art der Verbindung, wenn überhaupt, kannst Du jetzt zwischen Deinen Händen und dem Körper Deines Partners spüren?

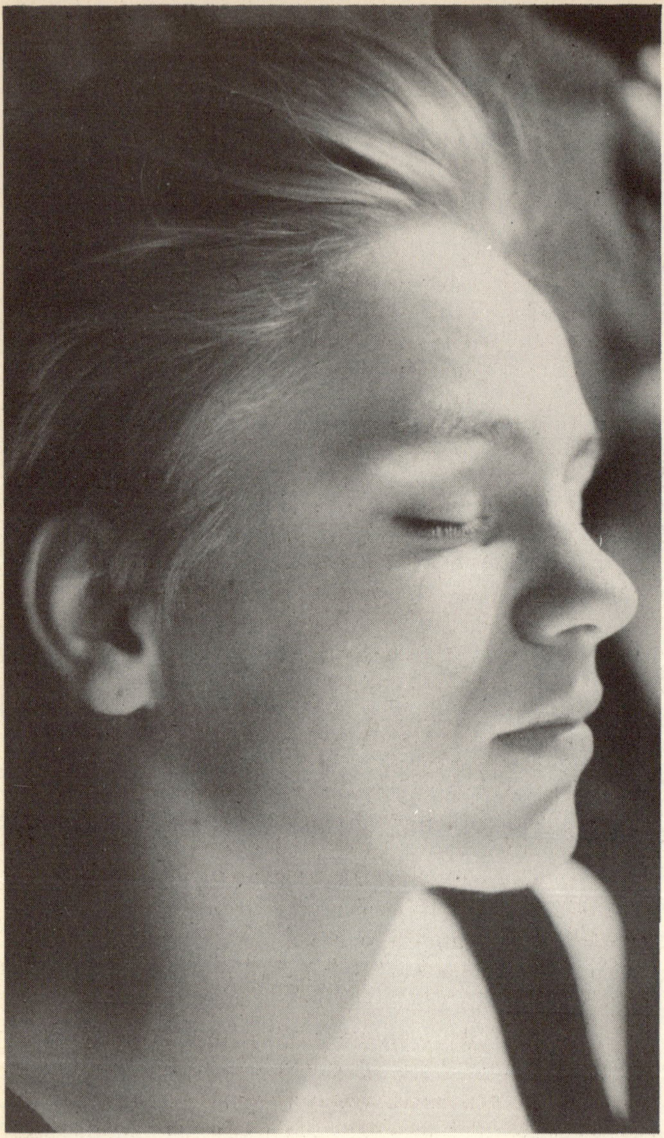

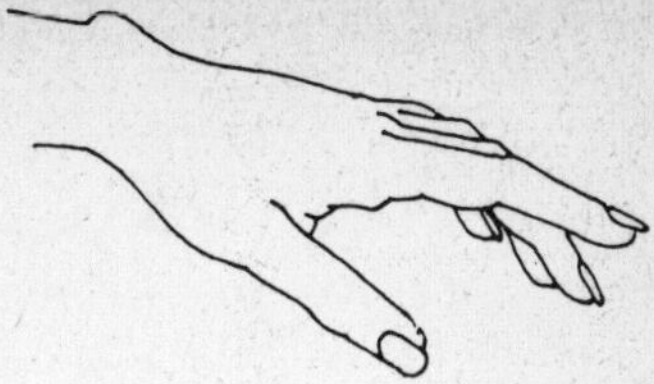

21

Diese Meditation basiert auf einer meditativen Übung, die als Teil des Tai Chi Chuan ausgeübt wird. Du wirst sie als anstrengend empfinden, aber sie ist ihre Mühe wert.

Sitze bequem mit geschlossenen Augen. Laß Deine Hände irgendwo auf Deinen Knien oder in Deinem Schoß ruhen. Rufe Dir das Bild der ersten Kontaktaufnahme mit Deinem Partner ins Gedächtnis, die Du ihm jetzt gerade gegeben hast. Nimm auf, was Du sehen könntest, wenn Deine Augen geöffnet wären, welche Empfindungen Du in Deinen Händen hattest und wie Du im gleichen Moment Deinen übrigen Körper wahrgenommen hast. Dann laß Dich langsam dazu übergehen, in so vielen Einzelheiten wie möglich, Abschnitte der Massage vom Anfang bis zum Ende zu erinnern. Versuche so stark Du kannst, die tatsächliche Reihenfolge der Empfindungen und Bewegungen in Deinem eigenen Körper zu erleben, als ob ein Schatten Deiner selbst jetzt die Massage physisch wiederholte. Versuche außerdem in vollständigem Kontakt mit den Veränderungen Deiner, in Dir auftauchenden, Emotionen und Gefühle zu bleiben.

Ich würde Dir vorschlagen, zunächst sehr langsam anzufangen und diese Meditation nicht zu weit auszudehnen und nicht zu oft auszuführen. Such Dir ein paar hervorstechende Momente aus der Massage heraus: viel-

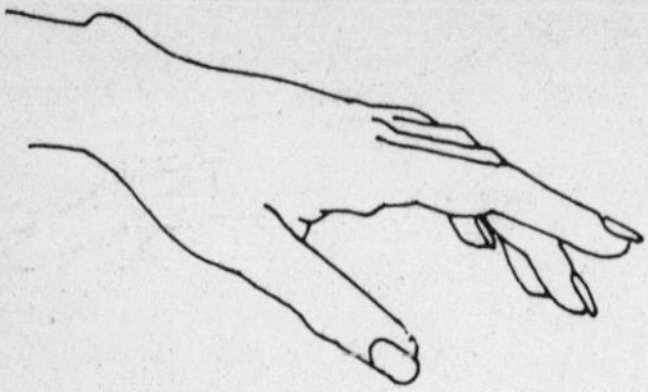

leicht zum Beispiel, einen Ausschnitt Deiner Arbeit an einem bestimmten Körperteil. Wenn es für Dich sinnvoll ist, erhöhe später Stück für Stück die Menge der Partien, die Du zur Erinnerung auswählst.

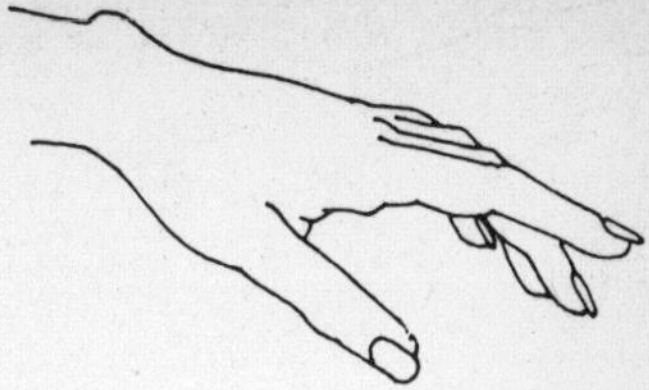

22

Eine weitere, traditionelle Heilungsmeditation.

Sitze bequem. Bleibe für eine Weile mit Deinem Atem in Deinem Becken. Dann mach Dir ein Bildnis; nimm irgendeine Vorstellung oder ein Bild, das Dir in den Sinn kommt, um einen Zustand tiefer Harmonie zwischen Dir und Deinem gerade massierten Partner zu wecken. Du könntest Euch beide tanzen sehen, oder zusammen durch eine Wolke segeln, oder was auch immer; bleibe bei jedem dieser Bilder, die Du magst. Und wenn Du dann möchtest, wandere weiter zu anderen. Höre dabei nicht auf zu atmen, bis Dein Körper angefüllt ist.

Versuche nach einer kurzen Weile, diese Vorstellungen in der folgenden Weise zu erweitern. Bleibe gleichzeitig bei Deinen Vorstellungen und Deinem Partner, als würdest Du einen großen Kreis konzentrisch um den kleineren zeichnen, sieh, ob Du Dir ein Bild machen, oder eine andere Form der Harmonie zwischen Euch beiden und der Weite des Kosmos fühlen kannst. Nimm dazu alle Vorstellungen, Ideen oder Wege des körperlichen Empfindens, die Dir geeignet erscheinen. Versichere Dich nur Deiner Vorstellung, wenn notwendig, als einer „als ob" Fiktion, wie es sich anfühlen würde, direkt die Erfahrung der gemeinsamen Existenz Deiner Selbst und Deines Partners im Zusammenhang einer großen, Euch umgebenden Harmonie zu machen.

23 In der einen oder anderen Form existiert die Massage schon eine lange Zeit, und Sie wird uns noch eine längere Zeit erhalten bleiben. Hierzu die letzte Meditation.

Sitze bequem, mit geschlossenen Augen und verbleibe wie üblich mit der Atmung im Becken. Dann laß Dich in der Erinnerung zu anderen Massagen die Du gegeben hast zurückgleiten (welche auch immer Dir zuerst ins Bewußtsein kommt, mach Dir keine Gedanken, wenn Du Dich nicht an die letzte erinnern kannst.); dann zu Massagen, die Du erhalten hast, dann zu Situationen des Lernens, in denen Du von jemand anderem Teile der Massage aufgenommen hast, die Du jetzt kennst und schließlich zu allen Augenblicken, in denen Du wiederum Dein Wissen anderen gegeben hast.

Dann laß alles los und verweile stattdessen in Dir, gleich was Dir hierbei in den Sinn kommt, vom Kreislauf des Lebens, Geschichtliches, von erhaltenen und gegebenen Massagen, von der Heilung durch Auflegen der Hände und von den Richtungen und Lehren, die von Individuum zu Individuum weitergegeben wurden. Stell Dir ein Körpergefühl vor, als ob Du in einem riesigen See treiben würdest, Deine eigene Vereinigung mit dieser Tradition von Berührung und Fürsorge.

Meditationen für den Empfänger einer Massage

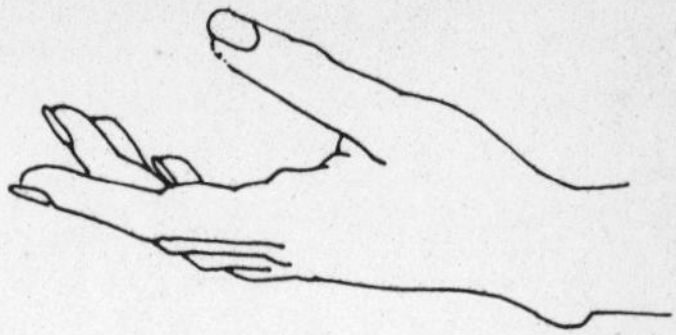

1

Dies ist eine grundlegende Form der Atemmeditation, wesensgleich der Meditation 1 des vorhergehenden Teiles. Sie ist eine ausgezeichnete Vorbereitung für das Erhalten sowie das Geben einer Massage.

Sitze bequem. Halte Deine Augen geschlossen und laß Deine Hände bequem auf Deinen Knien oder in Deinem Schoß ruhen. Richte Deine volle Aufmerksamkeit auf Deine Atmung, folge den Bewegungen Deines Atems bis in Dein Becken hinunter. Versichere Dich, daß Du die Vorderseite Deines Beckenpanzers ein klein wenig beim Einatmen ausbeulst und weiche wieder zurück, wenn Du ausatmest.

Zwinge Deinen Atem nicht in irgendein eingestimmtes Rhythmusmuster. Versuche ihm stattdessen zu erlauben, seinen eigenen variierenden Rhythmus von innen zu entwickeln. Laß, wie sonst auch, nach jeder Ausatmung eine Pause zu, bis sich Dein Atem selbst „entscheidet" in Dich zurückzukehren. Gib jegliche Vorstellung auf, wie lange so eine Pause dauern sollte, sie mag einmal den Bruchteil einer Sekunde ausmachen, das nächste Mal mehrere Sekunden oder noch mehr.

Übertrage diese gesamte Frage getrost Deinem Atem und richte Deine Aufmerksamkeit emotional wie geistig auf die einfache Beschaffenheit dessen, was Du erforschst.

Während Du in Dein Becken atmest kann es passie-

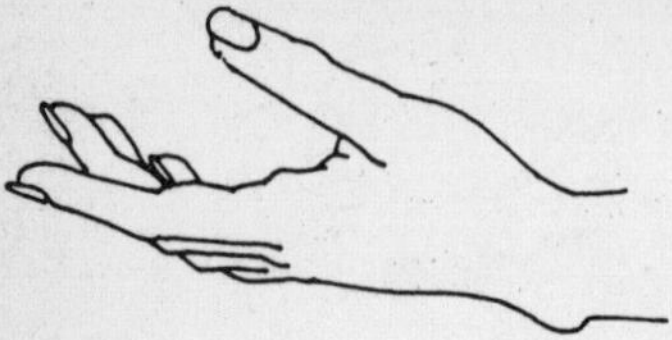

ren, daß Dein Atem vielleicht auch hinauf in Deine Brust wandert. Laß es gegebenenfalls passieren; laß Deine Rippen sich leicht und frei hoch und nieder bewegen. Versichere Dich nur, daß Deine Aufmerksamkeit in Deinem Becken verbleibt und daß Du mit jeder Einatmung Deinen Atem dorthin zurückkehren fühlst.

Diese einfache Meditation ist schon für sich alleine ein Mittel der Vereinigung und der Mittelpunktfindung vor dem Erhalten einer Massage. Sie ist auch eine geeignete Vorbereitung für jede der folgenden Meditationen.

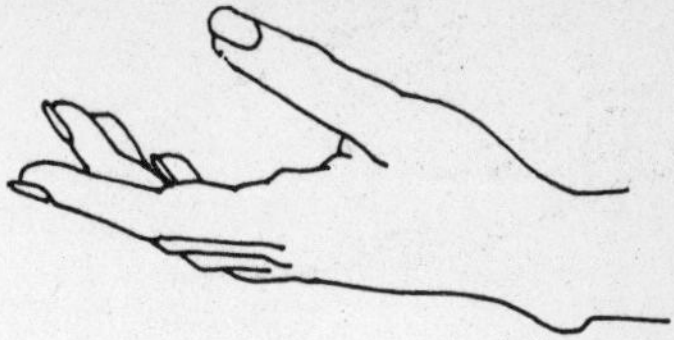

2

Diese Meditation wird Dir helfen, mit Deinen Mustern muskulöser Verspannungen in Berührung zu kommen. Je mehr Du Dir dieser Verspannungen gerade vor einer Massage bewußt bist, desto mehr neigen sie in der Massage zur Entspannung.

Sitze bequem. Folge Deinem Atem, wie in Meditation 1. Dann, wenn Du Dich bereit fühlst, überprüfe einzelne Teile Deines Körpers – Knöchel, Schienbein, Knie, usw. – jeden Teil von innen spürend, und notiere, ohne etwas zu verändern, ob es sich verkrampft oder entspannt anfühlt. Arbeite Dich systematisch durch Deinen gesamten Körper.

Kehre dann zu jedem Teil Deines Körpers, der sich besonders verspannt anfühlte, zurück. Denk Dir mit jedem Atemzug, daß Deine Ausatmung in diesen Bereich fließt und versuche zur gleichen Zeit, ihn sich ein klein wenig mehr entspannen zu lassen. Laß diese Verspannung mit jedem Atemzug lockerer werden, als ob sich eine Art innere Wärme langsam durch die Muskeln zieht.

Gehe dann zu zwei oder drei anderen Stellen, die sich bei Dir gerne verspannen und mach dasselbe. Dann kehre für eine kurze Periode zum einfachen Verfolgen Deiner Atmung zurück. Beachte dabei die veränderte Qualität, mit der Dein Atem nun in Deinem Körper hoch und hinunter fließt.

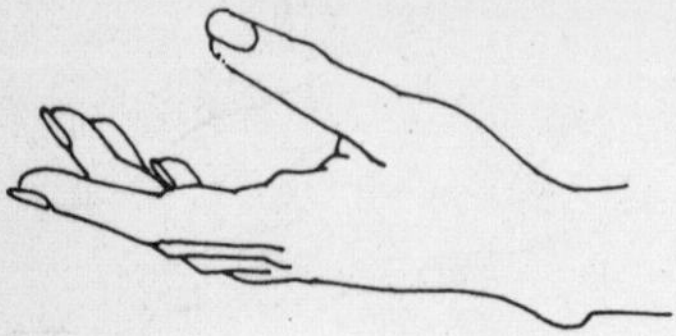

3 Eine Variation einer traditionellen Form der Selbstheilung: Denk bei dieser Meditation an eine innere Zeremonie, die Dich auf die Berührung eines anderen vorbereitet.

Sitze oder liege auf Deinem Rücken (beides ist möglich, Du kannst experimentieren und herausfinden, welche Position Du bevorzugst). Mach es Dir bequem. Folge Deiner Atmung wie in Meditation 1. Dann, wenn Du Dich bereit fühlst, stelle Dir einen einsamen und heiligen Platz vor – einen Bach in den Wäldern, eine Höhle im Untergrund, oder was immer Dir einfällt – und entdecke dort eine natürliche Quelle mit einer Flüssigkeit oder einem Balsam, die magische Heilungs- und Reinigungskraft besitzen. Stelle Dir diesen Platz, diese Flüssigkeit und Dich selbst dort so lebhaft wie möglich vor. Stelle Dir weiterhin vor, wie Du Dir ein Tuch, eine Schüssel, Deine Hände oder was immer nimmst, um winzig kleine Mengen dieser Flüssigkeit sanft auf all Deine Körperteile zu geben. Nimm Dir Zeit, mach Dir Deine Vorstellungen so deutlich wie möglich, und spüre den Kontakt dieser Flüssigkeit auf Deiner Haut an jeder Stelle, die Du damit berührst. Stelle Dir vor, daß jede Berührung Dich heilt und reinigt, und bereite Dich selbst auf etwas größeres, das kommen wird, vor.

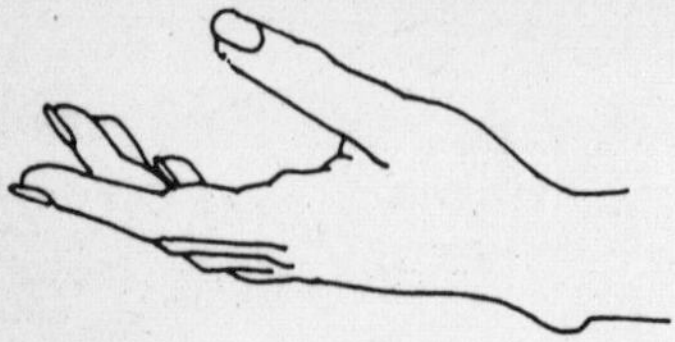

4 Eine einfache Vorbereitung vor dem Empfangen einer Massage.

Lege Dich auf den Massagetisch oder auf die Unterlage, die für Dich auf dem Boden vorbereitet wurde. Laß Deinen Atem in Dein Becken wandern, wie in Meditation 1. Notiere zur gleichen Zeit sorgfältig, wie Dein Körper auf dem Tisch oder der Unterlage liegt. Welche Teile von Dir fühlen den Kontakt mit der Fläche unter Dir? Welche Teile nicht? Wie ist die Beschaffenheit der verschiedenen Partien, die direkten Kontakt haben? Was passiert, wenn irgendeine der sie umgebenden Bereiche auch mehr Kontakt haben „möchten"?

Stell Dir als nächstes vor, daß Dein gesamter Körper ein wenig tiefer sinkt – eine Veränderung, die mit dem bloßen Auge nicht wahrnehmbar, aber deutlich von innen zu spüren ist. Nimm Dir Zeit, und beachte die geringfügigsten Veränderungen in Deinem Körper: Hier eine Muskelentspannung im Nacken und dort eine Entspannung in der Schulter. Immer wenn Du fühlst, daß irgendein Teil tiefer fallen möchte, versuche diesen Teil ein wenig zu heben (es ist nicht unbedingt nötig, ihn tatsächlich zu bewegen, solange Du nur die entsprechenden Muskeln mobilisierst) und ihn dann sehr langsam wieder zu senken. Wiederhole es mehrere Male, wenn Du möchtest. Achte besonders darauf, daß Du den entsprechenden Teil so tief sinken läßt, wie er möchte.

Sei sicher, daß Du keinen Teil zwingst oder hinunter-

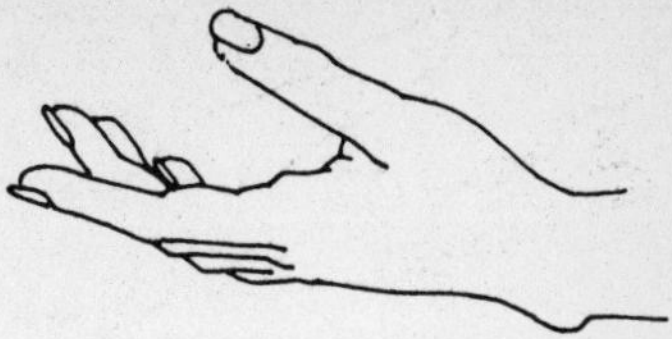

drückst. Laß ihn einfach sinken. Nach einer Weile wirst Du eine deutliche Veränderung spüren, die Deinen gesamten Körper, von Kopf bis Fuß umfaßt, bezüglich der Art, wie Du Dich selbst auf dem Tisch oder der Unterlage fühlst. Du bist nun bereit zu beginnen.

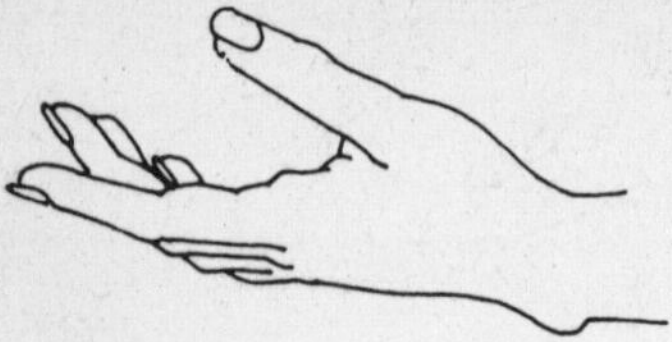

5 Eine der einfachsten und besten Meditationen während einer Massage.

Alles was Du zu tun hast, ist Deine Aufmerksamkeit gleichzeitig auf drei Bereiche Deiner Erfahrung zu richten. Der erste ist der Druck und die Bewegung der Hände Deines Partners. Der zweite ist das Fühlen des Tisches oder der Unterlage direkt unter dem gerade von Deinem Partner massierten Körperteil. Und der dritte ist die direkte körperliche oder „ausgemeißelte" Empfindung der Partie, die dazwischen liegt.

Mit anderen Worten gibst Du Dich dem sich konstant verändernden Empfangen Deines Körpers hin, der von oben und unten durch zweifachen Druck eingerahmt ist. Gib Deine Aufmerksamkeit jeder kleinsten Gefühlsveränderung in diesem Bereich hin. Notiere zum Beispiel die variierende körperliche Distanz, die Du zwischen den Händen und der stützenden Unterlage spürst, jede emotionelle Regung – Freude, Traurigkeit, Stille, usw. – die sich hier fühlen läßt, die scheinbare Verspanntheit oder das Zerfließen, die Sterblichkeit oder Lebendigkeit Deines Fleisches.

Kehre zu dieser Meditation während einer Massage so oft wie Du möchtest zurück. Du wirst sie jeden Moment neu empfinden, als ein Weg zum Kontakt mit Dir selbst, der dem Spazieren durch eine nie endende Veränderung ähnelt – durch ein unendlich faszinierendes Stück Architektur.

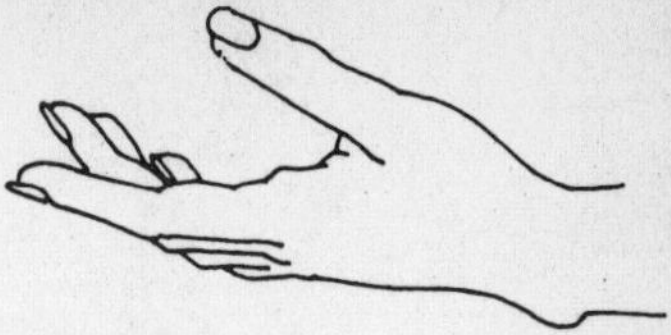

6 Diese Meditation ist eine Variation einer anderen traditionellen Form der Selbstheilung. Ein einfacher Weg, Deinem Atem zu erlauben, Dich tiefer in die Erfahrung des Massiertwerdens zu führen. Am wirksamsten ist sie in Verbindung mit Meditation 1 vor der Massage.

Folge eine kurze Weile den Bewegungen Deines Atems in Dein Becken, wie in Meditation 1. Dann, wenn Du Dich bereit fühlst, beginne, Dir mit jeder Atmung vorzustellen, daß erst Deine Einatmung in Dein Becken gelangt und dann Deine Ausatmung in den Teil Deines Körpers fließt, der gerade von Deinem Partner massiert wird. Erlaube ihm, direkt zur Hand Deines Partners zu reisen, als würde Dein Atem Dich sanft von innen massieren, während Dein Freund das gleiche von außen tut.

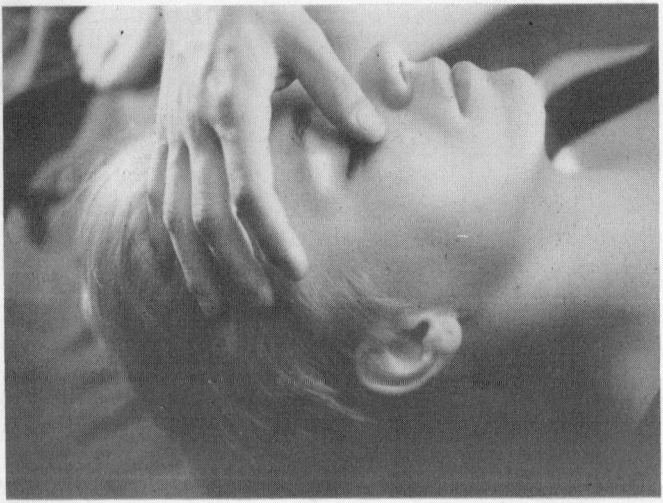

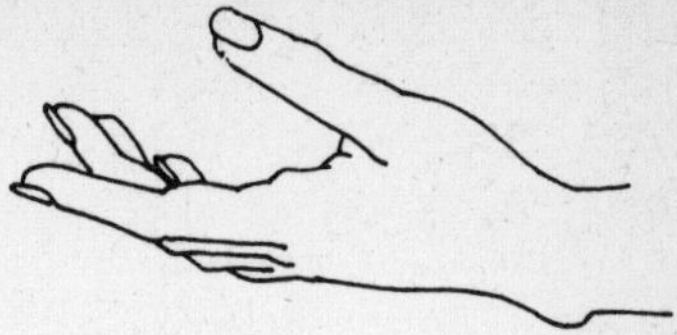

7

Wie ich bereits erwähnte, empfehle ich, keine Musik während einer Massage zu spielen: Die Erfahrung zeigt, daß dies eher zur Zerstreuung sowohl des Gebenden wie des Empfangenden führt. In Verbindung mit dieser folgenden Meditation allerdings kann die richtige Musik, sparsam angewendet, ein zartes Mittel zur Vertiefung einer Massage sein.

Die Meditation selbst ist einfach genug. Während Du massiert wirst, laß an einem bestimmten Punkt Deinen Partner eine Musik abspielen, die ihr beide liebt. Lausche dann dieser Musik und versuche zur gleichen Zeit die Bewegungen der Händc Deines Partners weiter zu verfolgen; nur, versuche beides als eine Einheit wahrzunehmen. Versuche mit anderen Worten, mit Deinem Bein, Deiner Schulter oder jedem anderen Teil das massiert wird, zu hören. Laß die Musik Deinen Körper erreichen, indem sie sich mit der Berührung Deines Partners vermischt.

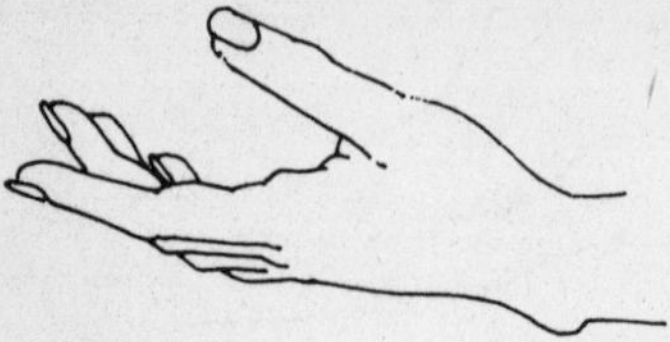

8 Viele tiefe Emotionen können in uns erweckt werden, während wir eine Massage erhalten.

Diese Meditation kann Dir helfen, einige dieser Gefühle des Genährtwerdens und des Gebens durch einen anderen zu spüren.

Stell Dir vor, sehr klein und jung zu sein; sechs Monate oder jünger. Du bist klein und hilflos und Dein Körper ist weich und offen, und Du wirst berührt und gehegt. Welche Gefühle erweckt das in Dir? Wie ändert sich Deine Atmung (halte sie nicht davon ab), während Du diesen Gefühlen Raum läßt?

Erlaube Dir jetzt ein wenig zu „wachsen"; laß Dich ein Jahr alt werden. Bringt dies eine feine Veränderung der Gefühle in Deinem Körper mit sich? Eine Veränderung Deiner Atmung?

Gehe weiter. Laß Dich älter werden, zwei, drei und bis zu Deinem jetzigen Alter. Versuche nur diese frühesten Gefühle des Wunderbaren und auch der Verwundbarkeit beim Berührt werden aufrecht zu erhalten. Erlaube diesem Kind in Dir in dem Körper eines Erwachsenen wieder lebendig zu sein.

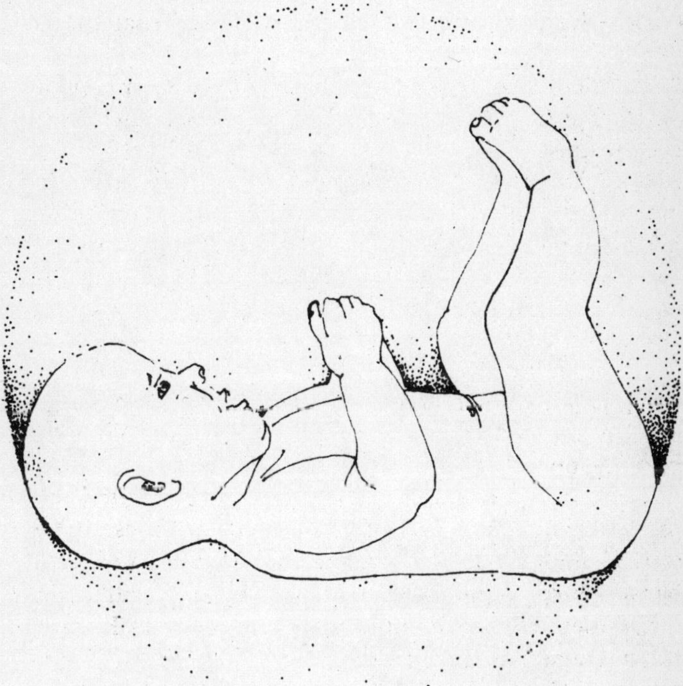

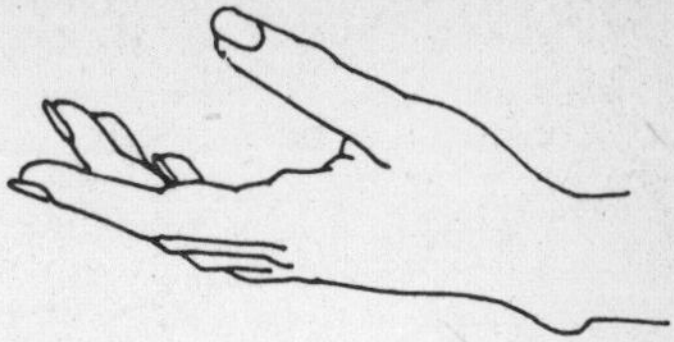

9 Für die Momente kurz nach dem Erhalt einer Massage ist diese eine der einfachsten und besten Meditationen, die ich kenne. Sie kann besonders wirksam sein, wenn Du bereits die Meditation 5 während der Massage erfahren hast.

Bleibe auf Deinem Rücken liegen. Wandere langsam durch Deinen gesamten Körper, konzentriere Dich an jedem Punkt auf das innere Gefühl der Distanz zwischen Dir, der Du auf dem Tisch oder der Unterlage liegst, und der Fläche direkt über Dir. Gehe, mit anderen Worten, so wie in Meditation 5 vor. Laß Dich selbst in einen stärkeren Kontakt mit den ausgedrückten oder aufgewühlten Gefühlen treten, die die Massage in Dir erweckt hat.

10

Eine Atemmeditation, die kurz nach einer Massage besonders wirksam sein kann.

Bleibe auf dem Rücken liegen. Folge Deinem Atem für eine kurze Weile und beobachte, wie die Massage das Gefüge Deines Atems verändert hat, wenn Du ihn in Deinem Körper hoch- und hinunterwandern fühlst.

Dann, wenn Du fertig bist, schicke ein paar tiefe Atemzüge in jeden Körperteil. Nimm die veränderte Qualität des fließenden Gefühls wahr, das Du nun überall spüren kannst.

Stell Dir als nächstes vor, daß Dein Atem durch Deinen gesamten Körper zu fließen beginnt, von Kopf bis Fuß, mit jeder Einatmung. Atme, als würde die Luft durch die Poren Deiner Haut strömen. Laß Deinen Mund geöffnet und fange an, stärkere und längere Atemzüge zu nehmen. Falls Du Dich nicht zu müde oder schwach fühlst, hebe Deine Knie bis zu einem Punkt an, an dem die Sohlen Deiner Füße den Boden berühren und Deine Beine ihr eigenes Gewicht halten. Halte Knie und Füße ungefähr schulterbreit auseinander.

Während Du in dieser Weise durch die Poren der Haut atmest, stell Dir vor, daß die Luft, die Du ein- und ausatmest, immer größere Entfernungen zurücklegt. Beginne damit, daß Du die Dich direkt umgebende Luft ein- und ausatmest. Dann laß sich den Raum, aus dem Du die Luft nimmst und zu dem sie wieder zurückkehrt, zwanzig bis dreißig Zentimeter in alle Richtungen aus-

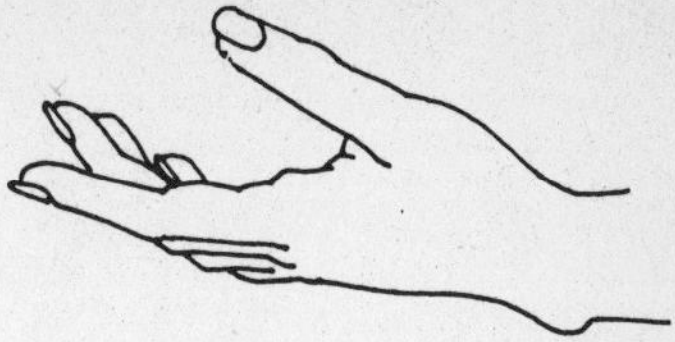

dehnen, dann fünfzig Zentimeter, dann vielleicht zwei Meter, dann fünf Meter und so weiter. Dann, nach etwa 12 Atemzyklen, stell Dir vor, daß Dein Atem aus dem fernstmöglichen Raum ankommt und sich wieder entfernt. Denk an Deinen Atem, als hätte er eine lebendige Verbindung zwischen Dir und der Weite des Kosmos geschaffen.

Eine ernste Warnung: Dehne diese intensive Form des Atems nicht zu lange aus. Höre in dem Moment auf, wenn Du ein Zittern, übermäßiges Schwindeln, Krampfen oder ein stärkeres Kribbeln als es für Dich zuträglich ist, spürst. Mache diese Übung in jedem Fall nicht länger als fünf Minuten. Ansonsten kannst Du Dich, da Dein Körper so entspannt und offen ist, durch Hyperventilation oder übertriebene Sauerstoffzufuhr so aufladen, daß Du nicht mehr in der Lage bist, diese körperliche und emotionale Lage zu bewältigen.

Ende, indem Du Deinen Atem zu seinem gewöhnlichen Rhythmus zurückkehren läßt. Bleibe auf Deinem Rücken liegen, oder lege Dich zusammengerollt auf die Seite. Während Dein Atem sich nach und nach beruhigt, stelle Dir weiterhin vor, daß er durch Deine gesamte Oberfläche ein- und ausströmt.

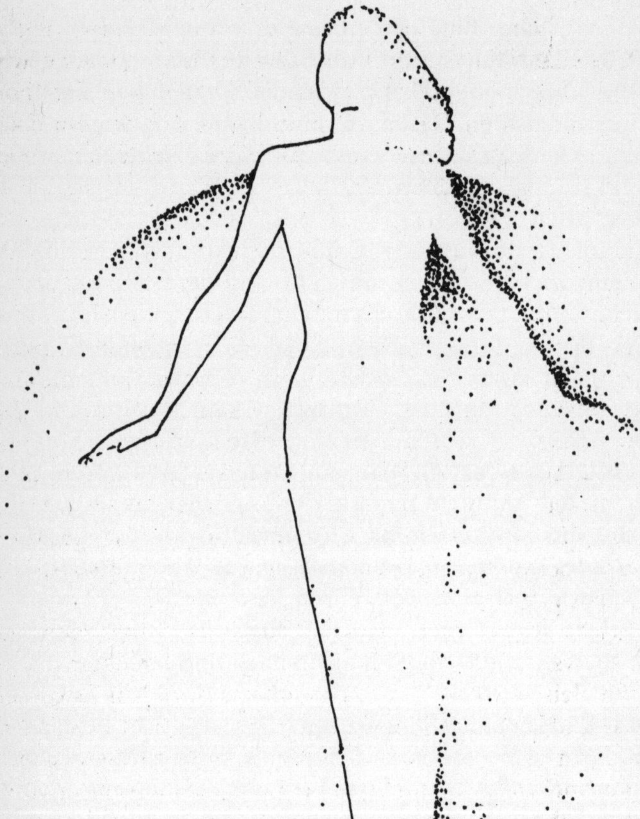

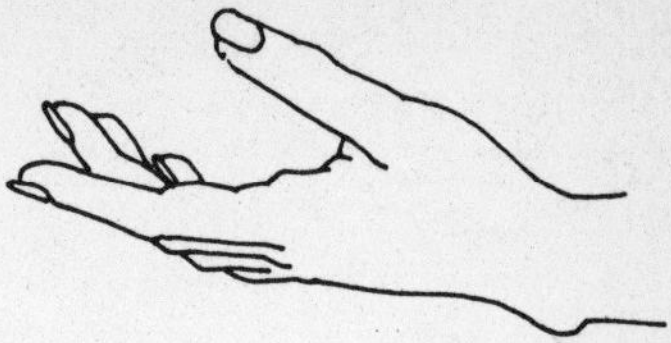

11

Wenn Du Dich dann nach der Massage wieder aufsetzt und Deine Augen öffnest, mache diese Meditation. Oder, falls Du Dich sehr schläfrig fühlst, nimm eine Dusche, mach ein Nikkerchen und versuche diese Meditation wenn Du aufwachst.

Sitze oder stehe. Such Dir eine leuchtende Farbe im Raum aus und schau sie an. Versuche nicht, sie angestrengt im Blickpunkt zu halten, sondern laß die Augen und das sie umgebende Mukelgewebe entspannt. Notiere, wenn etwas an dieser Farbe verändert oder ungewöhnlich ist; ihre Leuchtkraft, das Gefühl ihrer Tiefe, ihr emotionaler Ausdruck oder was immer. Spanne Deine Augen nicht an, um irgendetwas nicht geschehen zu lassen. Angenommen die Farbe möchte vibrieren, oder sich ein wenig von ihrem Objekt trennen und im Raum schweben oder sich wie ein Teich vertiefen, laß all dies passieren.

Gehe als nächstes durch jeden Teil Deines Körpers und versuche jedesmal „mit diesem Teil zu sehen". Laß zum Beispiel Dein Knie schauen, als ob es ein Auge besäße und laß zur gleichen Zeit die Leuchtkraft der Farbe in Dein Knie sickern. Beachte währenddessen Deine Empfindungen, ob und wie Dein Atem sich verlangsamt oder schneller wird und ob sich die gesamte visuelle Qualität des Raumes langsam zu transformieren scheint.

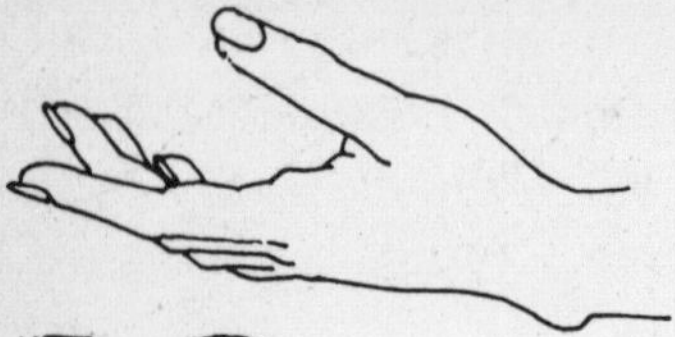

12

Diese Meditation ist bestens, nachdem Du eine kurze Weile geruht oder geschlafen hast. Oder versuche sie irgendwann am nächsten Tag, solange die Nachwirkungen Deiner Massage noch sehr stark in Dir sind.

Lege Dich nieder und schließe Deine Augen. Wähle irgendeinen Teil Deines Körpers und gehe so gut Du Dich erinnern kannst, durch einige Einzelheiten der Massage. Versuche nicht „abzubilden" was passierte; versuche die wirkliche Erfahrung jeder aufeinanderfolgenden Empfindung in Deiner Haut und Deinen Muskeln nachzuempfinden.

Normalerweise, wenn es eine gute Massage war, wirst Du Dich jetzt nur in gröbsten Umrissen erinnern können. Das ist in Ordnung. Die einzig wichtige Sache ist, Dir so lebhaft wie möglich das Spüren der Hände Deines Partners an verschiedenen Partien Deines Körpers vorzustellen.

Stoppe hier und da, wenn Du möchtest. Oder gehe zu anderen Körperteilen über. Wie Du möchtest.

Versuche Folgendes als ein interessantes Experiment. Baue die innere Erfahrung der Massage nur auf einer Körperseite auf; einem Fuß, einem Bein oder der gesamten Hälfte. Wenn Du damit fertig bist, nimm einfach den Unterschied Deines Gefühls zwischen dieser und der gegenüberliegenden Seite wahr. Steh dann auf, geh

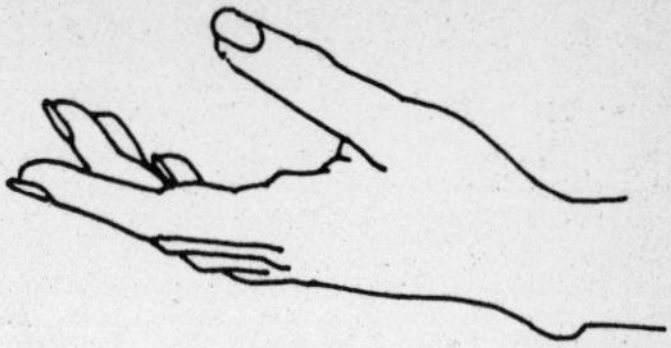

herum und versuche die zusätzlichen Unterschiede der Leichtigkeit und Weichheit der Bewegung zu spüren.

Meditationen für den Gebenden und den Empfänger

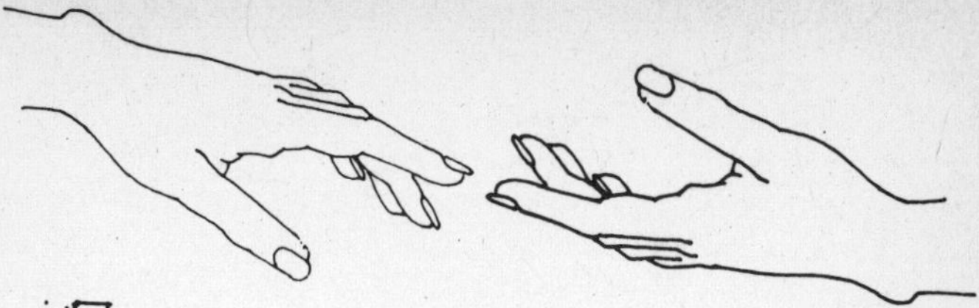

1. Hier ist eine der Atemmeditationen, die ihr beide zusammen ausführen könnt.

Sitze Rücken an Rücken mit Deinem Partner. Suche den Beinen über Kreuz eine bequeme Position. Rückt so nah, daß Ihr den Kontakt am unteren Ende der Wirbelsäule fühlt. Richtet Eure Positionen so aus, daß Ihr Euch beide unterstützt fühlt und sich keiner zu sehr an den anderen lehnt.

Nun folge Deiner eigenen Atmung, genau wie in Meditation 1 für den Gebenden und Meditation 1 für den Nehmenden. Vergiß Deinen Partner für einen Moment. Erlaube einen natürlichen Fluß Deines Atems in Dein Becken, mit einer kleinen Pause nach jedem Ausatmen, bis der nächste Atemzug von selbst kommt. Schenke nach etwa sechs Atemzügen dem Atem Deines Freundes die gleiche Aufmerksamkeit wie Deinem eigenen. Stimme Dich in die winzigen Bewegungen ein, die Du an seinem oder ihrem Rücken fühlst. Laß zur gleichen Zeit allmählich den Rhythmus Deiner eigenen Atmung mit dem Deines Partners zusammenfließen.

Weil zumeist einer von Euch einen längeren oder kürzeren, natürlichen Rhythmus hat, verlangt das von Euch beiden ein wenig Anpassung. Versuche nicht, sofort alles zu verändern, vereinigt Euch langsam in einem gemeinsamen Rhythmus und laßt Euch ein paar Atemzüge Zeit, dahin zu gelangen. Sprecht nicht. Sei nicht beunruhigt, wenn Du aus dem Rhythmus gleitest, versuche,

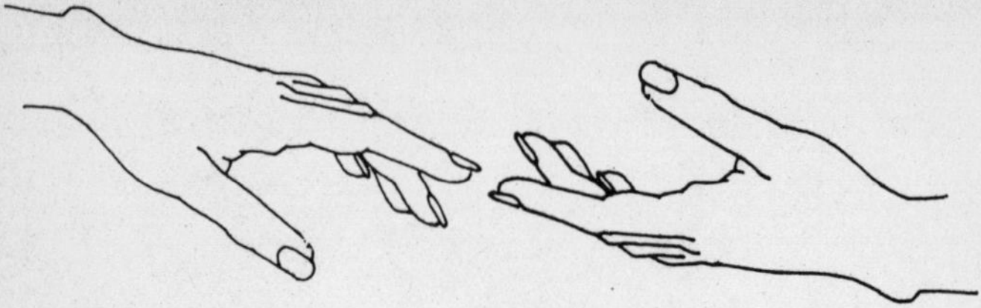

langsam wieder zum gemeinsamen Atemzyklus zurückzukehren. Bleibt fünf oder mehr Minuten in dieser Meditation. Stell Dir bei jeder Einatmung vor, daß Du Dich mit dem Atem Deines Partners und Deinem eigenen ausdehnst.

2 Ein einfacher Weg, um tiefer in einen körperlichen Kontakt miteinander einzutauchen.

Setzt Euch von Angesicht zu Angesicht gegenüber. Lege Deine rechte Handfläche auf die linke Handfläche Deines Partners und die linke unter seine rechte Handfläche. Haltet Eure Hände ruhig und entspannt, in Kontakt, übt keinen übermäßigen Druck aus. Schließt Eure Augen.

Versuche Dir nun vorzustellen, daß Energie zwischen Deinen und Deines Partners Händen zu fließen beginnt. Habe Geduld und versuche nichts zu forcieren. Stell Dir nur vor, wie sich solch eine Energiebewegung anfühlen mag.

Stell Dir nun vor, daß sich nach und nach der ganze Körper daran beteiligt. Sehe diese Energie, wie sie sich Deine Arme hoch, in Brust, Bauch, Nacken, Beine usw., bewegt. Sei nicht überrascht, wenn sich nach einer Weile tatsächlich eine Art von Strom oder Wärme in Deinem Körper ausbreitet.

Wenn Du irgendeinen Teil Deines Körpers spürst, der besonders unempfindlich ist, entweder in Deiner Vorstellung oder wenn Du tatsächlich nichts spürst, drücke diese Partie sanft und laß sie sich darauffolgend mehrere Male entspannen. Dann sieh, ob sich irgendetwas verändert hat.

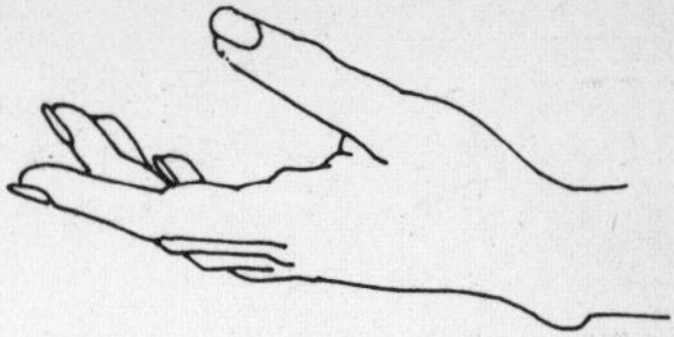

3 Eine Meditation, ähnlich der vorigen nur diesmal nehmt Ihr anstatt mit den Händen, mit den Füßen Kontakt auf.

Besprecht miteinander, wer von Euch sich mit dem Bauch auf den Boden legt; der andere sitzt leicht zurückgelehnt mit den Händen auf dem Boden; die Sohlen Eurer Füße berühren sich, rechter gegen rechten und linker gegen linken. Eure Augen sollten geschlossen sein.

Stell Dir nun vor, genau wie in Meditation 2, daß Energie von Euren Berührungspunkten aus in Bewegung kommt, sich von den Füßen zu den Knöcheln arbeitet, zu den Beinen, usw. Versuche Stück für Stück mehr von Dir in diesen imaginativen Energiestrom fließen zu lassen. Laß Deinen Atem ohne Zwang so offen und voll sein wie es angenehm ist. Versuche, genau wie in Meditation 2, wenn Du an irgendeinem Punkt innerhalb Dir selbst „feststeckst", die umherliegenden Muskeln zu drücken und dann in Entspannung gehen zu lassen, bis Du dort zumindest einen kleinen Unterschied spürst.

Wechselt nach ungefähr fünf Minuten die Plätze und wiederholt die Meditation.

4 Eine Meditation, die sowohl Eure gemeinsame Empfindungsfähigkeit erhöhen, wie auch jedem von Euch helfen kann, Verspannungsquellen in Euren Körpern auszumachen.

Sitze oder stehe Deinem Partner gegenüber. (Am besten natürlich, steht ihr beide oder ihr sitzt beide.) Schließt für eine kurze Weile Eure Augen und folgt Eurer Atmung. Öffnet Eure Augen, wenn Ihr Euch dazu bereit fühlt und wenn die Augen des Partners ebenfalls geöffnet sind. Laß Deine Augen an seinem oder ihrem Körper hoch und hinuntergleiten. Versuche zur gleichen Zeit, in Dir selbst zu fühlen – als wenn Du ein lebender Bewohner in seinem oder ihrem Körper wärst, – wo die Erfahrung körperlicher Verspannungen am wahrscheinlichsten ist.

Dann lege Deine Handfläche sanft auf die Stellen, die Du am Körper Deines Partners als unnötig angespannt empfunden hast. Kümmere Dich nicht darum, ob Du die richtigen oder falschen Stellen berührst, folge einfach Deiner Intuition. Laß Deine Hand dort für ein paar Minuten ruhen, in vollem Kontakt, aber ohne Druck. Nimm Deine Hand dann für eine Minute fort und berühre Deinen Partner danach in derselben Weise, nur diesmal an einer anderen Stelle seines Körpers, von der Du „Spannungs-Signale" empfängst. Und so weiter. Berühre Deinen Partner, fünf bis sechs mal an verschiedenen Körperstellen.

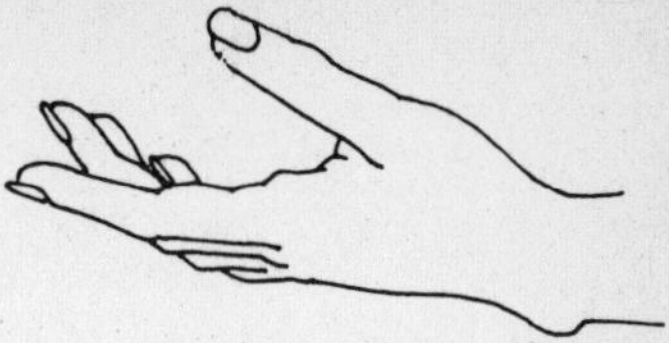

Wenn Du fertig bist, laß Deinen Partner durch den selben Prozeß mit Dir gehen. Wenn Du auf der empfangenden Seite bist, richte Deine Aufmerksamkeit auf die Stelle, die jeweils von der Hand Deines Partners berührt wird und denke Dir, daß Du diesem Teil erlaubst, sich selbst unter der Berührung Deines Partners zu weiten und zu wachsen.

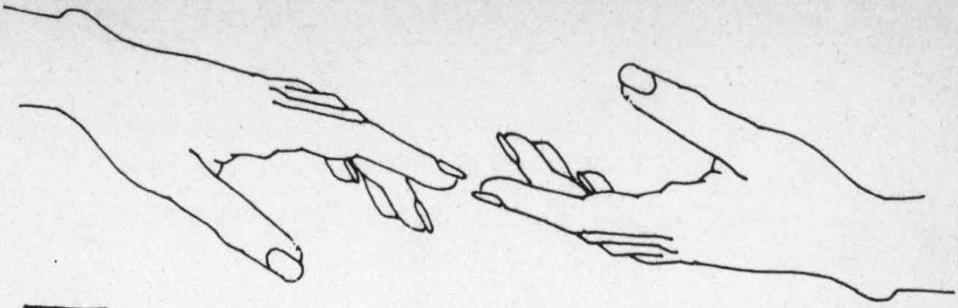

5 Diese letzte Meditation ist eigentlich eine Folge von drei Meditationen, die am allerbesten wirken, wenn sie hintereinander erlebt werden.

Sitze zuerst für Dich und halte mit geöffneten Augen die Hände bequem vor Dich. Schau für fünf Minuten auf Deine Hände und halte sie, ohne abzuschweifen, in Deinem Blickfeld. Sage währenddessen unaufhörlich schweigend zu Dir, „Das bin ich" (Jeder von Euch kann es für sich zur gleichen Zeit tun).

Als nächstes setze Dich Deinem Partner gegenüber. Laßt Eure Hände in Positionen ruhen, in denen ihr beide sie so anschauen könnt, wie Du in der vorherigen Deine eigenen Hände betrachtet hast. Nun wiederhole, in der gleichen Zeitspanne zu Dir, die Behauptung „Das ist ...", den Namen Deines Partners ergänzend. (Diese Folge wird nacheinander von Euch ausgeführt, zuerst von Dir und dann von Deinem Partner oder umgekehrt.

Legt schließlich Eure Hände in direktem körperlichen Kontakt zusammen. Achte diesmal auf alle vier Hände und wiederhole die ursprüngliche Behauptung, „Das bin ich" (Beide von Euch können das zur gleichen Zeit tun). Du magst Deine Hände sanft mit den Händen Deines Partners bewegen, die Richtung ist gleich, solange Eure Hände verbunden bleiben.

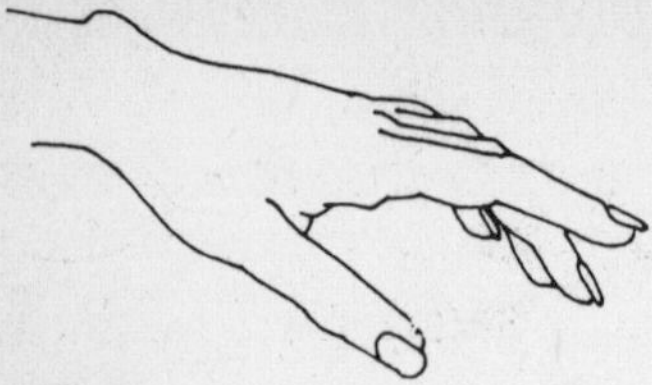

6 Diese Atemmeditation wird es Dir ermöglichen, Deine Erfahrungen aus der Meditation 1 zu erweitern. Der Hauptaspekt lag darin, Deinem Atemrhythmus zu erlauben, sich langsam dem Atem Deines Partners zu nähern. Hier machst Du das gleiche, nur folgst Du unterschiedlichen Richtungen.

Wenn Du derjenige bist, der die Massage gibt, dann hast Du zwei Aufgaben. Erstens, verändere zwischen jedem Atemzug den Druck Deiner Hände und zwar so, daß Dein Druck bei der Einatmung wirklich leicht ist und merkbar fester bei der Ausatmung. Am Anfang wirst Du Schwierigkeiten haben, beides zu koordinieren, doch mit der Zeit feststellen, daß Du Dich ziemlich leicht in die Bewegung Deiner Hände geben kannst. Zweitens, betrachte das Aufsteigen und Fallen der Atmung Deines Partners und laß langsam Deinen eigenen Atemzyklus (und ebenso den Rhythmus Deiner Berührungen) dem Deines Freundes näher kommen.

Wenn Du die Massage erhältst, mußt Du nur die Druckveränderungen der Hände Deines Partners beachten (falls es Dir schwerfällt, bitte Deine Freundin oder Deinen Freund, den Unterschied deutlicher zu machen) und Dich daran zu erinnern, daß Leichtheit gleich Einatmung und Druck gleich Ausatmung ist und daß Du Deinen eigenen Rhythmus Stück für Stück dem von Deinem Partner telegrafierten angleichst.

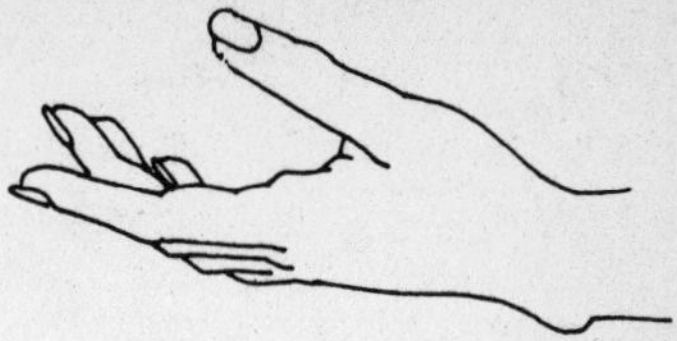

Ob Du nun passiv oder aktiv bist, stell Dir wie in Meditation 1 vor, daß ein gemeinsamer Atem Euch beide belebt.

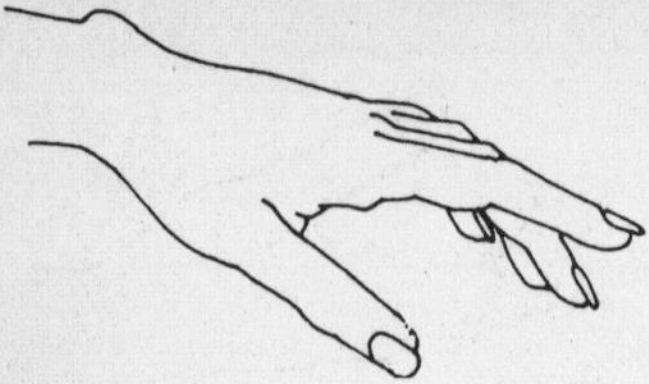

7

Diese Meditation, deren Auswirkungen mich faszinieren, ist aus dem traditionellen Tai Chi Chuan sowie der Arbeit Moshe Feldenkreises abgeleitet. Obwohl sie eigentlich nur die Erfahrung des Nehmenden wirklich betrifft, verlangt sie trotzdem die Mitarbeit des Gebenden.

Wenn Du derjenige bist, der die Massage gibt, dann ist Deine Rolle sehr einfach. Arbeite für eine kurze Weile. Mache Streichbewegungen, die so klar und eindeutig wie möglich sind, an irgendeiner Stelle des Körpers. Nimm entweder ein einzelnes Teil, das ein symmetrisches Gegenüber hat – eine Hand oder einen Fuß – und massiere ihn in seiner Gesamtheit. Oder nimm den Oberkörper, den Nacken oder Kopf und massiere jeweils genau die Hälfte. Nimm Deine Hände dann von seinem Körper und warte. Eine Weile später wird Dir Dein Partner sagen, wenn er wieder bereit ist, zu empfangen.

Wenn Du derjenige bist, der die Massage erhält, beachte zuerst besonders das massierte Körperteil. Fühle die unterschiedlichen Streichbewegungen, ihren Rhythmus, ihre Abfolge, usw. Nimm so gut Du kannst die Erfahrung der Berührungen in Dich auf.

Wenn Dein Partner die Arbeit an einer Körperseite beendet hat, wird er den körperlichen Kontakt unterbrechen. Gehe dann in die gegenüberliegende Seite Deines Körpers; zum linken Arm, wenn Dein Freund den

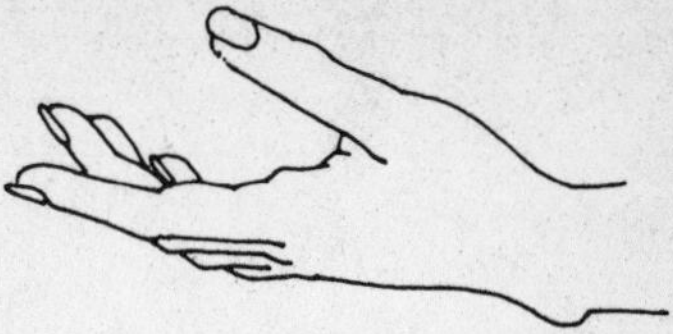

rechten massiert hat oder zur linken Hälfte Deines Torsos, wenn Dein Partner die rechte Seite massiert hat, usw. Nimm als erstes das unterschiedliche Gefühl zwischen dem massierten und dem nicht massierten Teil wahr. Benutze dann Deine Vorstellungskraft so lebhaft und „körperlich" wie möglich und gehe im Detail nochmals die gesamten Erfahrungen auf der nichtberührten Seite durch. Stell Dir zum Beispiel vor, daß Dein Partner Deinen rechten Arm in exakt der gleichen Art, wie Deinen linken massiert und versuche dabei in Dir so viele wie mögliche Körper-Empfindungen wachzurufen, an die Du Dich erinnern kannst.

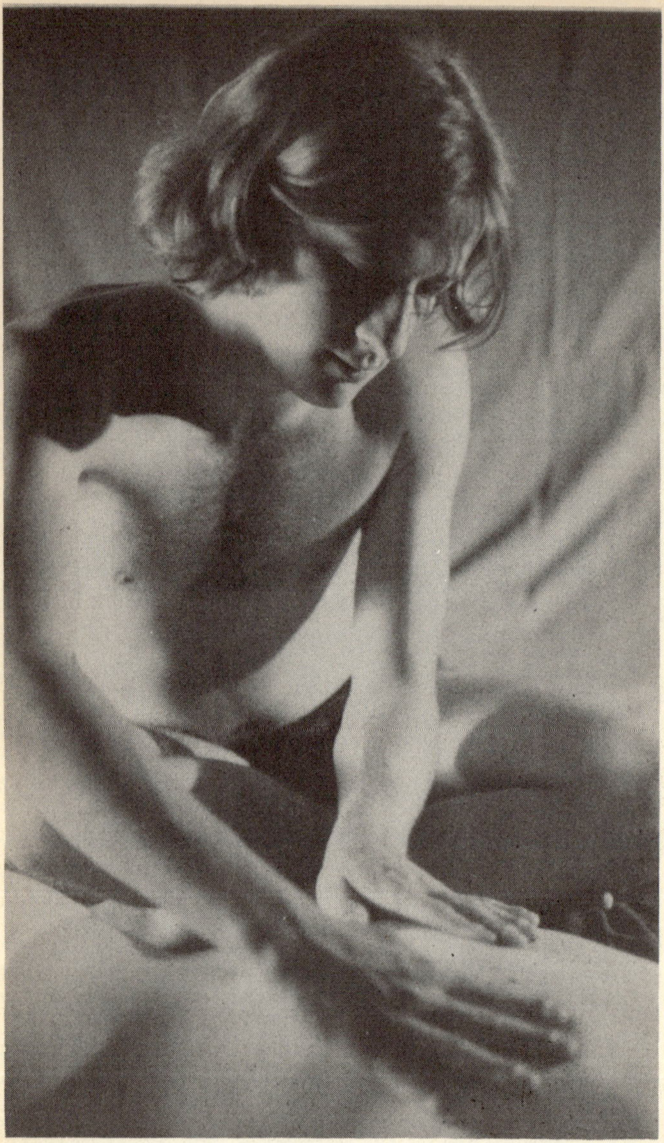

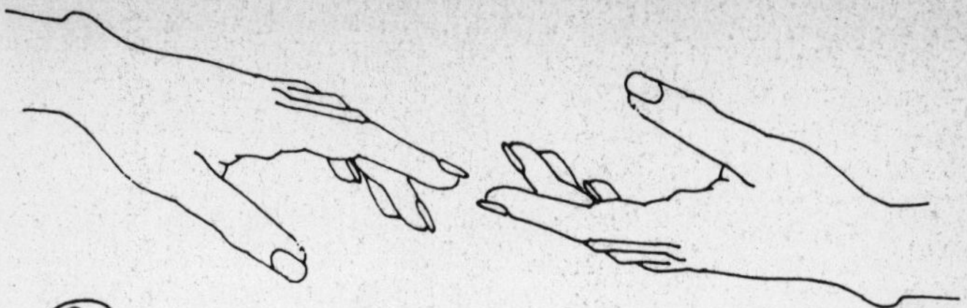

8 Eine besonders wirksame Atemmeditation nach einer Massage ist die Wiederholung der Meditation 1. Jeder von Euch wird einen Unterschied bemerken, in der Ruhe Eurer Atmung und in Eurem Kontakt zueinander.

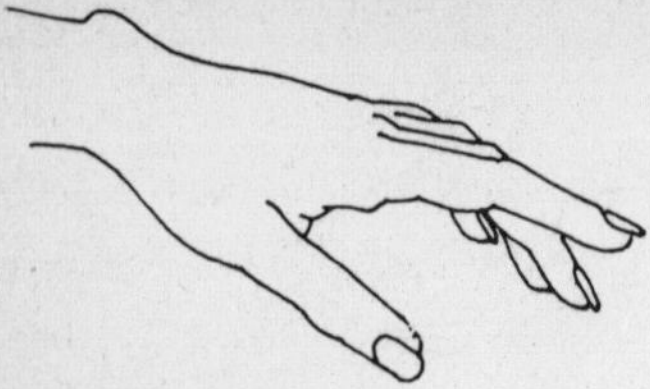

9 Wiederhole Meditation 2. Richte wieder Deine Aufmerksamkeit auf jede Veränderung, die Du an Deinem Atem spüren kannst und auf das Gefühl der Verbindung, das Du zwischen Deinen und den Händen Deines Partners geschaffen hast. Wenn Du Lust hast, kannst Du auch Meditation 3 in der gleichen Weise wiederholen.

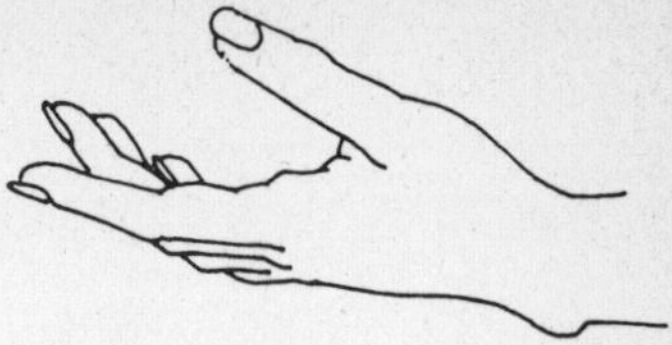

10

Eine letzte Meditation, die ihr beide zusammen ausführen könnt.

Setzt Euch einander gegenüber. Haltet Eure Augen geöffnet und schaut direkt in Eure Augen. Versucht beide den Blick zu halten und ablenkende Gedanken schnell aus Euren Gedanken fortfließen zu lassen.

Nach ungefähr einer Minute fange an, Dir vorzustellen, daß Du nicht nur mit Deinen Augen, sondern mit Deiner gesamten vorderen Körperseite siehst. Versuche es langsam auszuprobieren, indem Du Dich auf einzelne Teile konzentrierst. Fang mit Deinem Kopf an und stell Dir vor, daß Dein gesamtes Gesicht „sehen" kann, dann Dein Hals, eine Schulter und so weiter. Mach das auch mit Deinen Armen und Händen und Deinen Beinen und Füßen. Dann, wenn Du durch alle einzelnen Teile gewandert bist, versuche mit allen Teilen zugleich zu „sehen", als ob Dein gesamter Körper das lebende, sensitive Membran eines Auges wäre.

Ich würde für diese Meditation nicht weniger als fünf und nicht mehr als fünfzehn Minuten vorschlagen. Es kann sein, daß an irgendeinem Punkt Halluzinationen aufblitzen. Wenn Dich das nicht verstört, mach einfach weiter, und bleibe gegenüber allem, was sich vor Dir zeigt, offen. Registriere jede dieser Vorstellungen und teile später Deinem Partner mit, was Du gesehen und welche Gefühle Du in diesem Moment hattest.

Horizonte

Schlußbemerkungen

Wie Du sehen kannst, besonders wenn Du bereits einige der Vorschläge dieses Buches angewendet hast, ist die Integration der Meditation mit der Massage nicht schwierig. Im Gegenteil, Du magst erfahren haben, daß die Verbindung ihrer Techniken mit denen der Massage sich wie ein natürliches Aufblühen der meditativen Praxis anfühlt – beinahe als wäre da etwas im inneren Aufbau der meditativen Intensität, daß nach einer gleichwertigen äußeren Ausdrucksform verlangt.

Das erweckt ein paar Fragen. Betrachte es so: Ist es möglich, wie andere meinen, daß die besondere Stärke des Ostens in der Entwicklung von Methoden der inneren Selbstvertiefung und des Selbst-Kontaktes liegt? Und daß trotzdem die „Umformung" nach außen, wenn man so sagen will, dieser inneren Formen – ihres gesamten Ausdruckes in Begriffen der Transformation zu der Umgebung, der sozialen Struktur, der persönlichen Kontakte, – ein weitgehend unerforschtes Gebiet ist? Und steht das für beide, Osten und Westen, als Aufgabe, die uns jetzt erwartet, aus? Und daß die Hervorbringung neuen Lebens, neuer Tiefe unseres gegenseitigen Kontaktes durch Berührung ein wichtiger Schritt in Richtung der Realisierung dieser Aufgabe sein kann?

Wenn Dich diese Fragen betreffen, dann habe ich drei Vorschläge.

Als erstes, gib Dir selbst Raum für Veränderungen.

Es gibt so viele verschiedene Wege, in denen die meditative Praxis sich selbst zum Ausdruck durch Massage bringen kann, daß diese Vorschläge nur ein Anfang sind. Versuche verschiedene Kombinationen, andere Massagestile. Fang von hinten an, was Du zuvor von vorne begonnen hast, versuche es dann seitwärts und von innen nach außen. Halte nichts für sicher und akzeptiere nichts als unveränderlich.

Zweitens, teile mit anderen. Wer immer Du bist, sei versichert, daß Du nicht der einzige auf einer Reise dieser Art bist. Wie Du Dich auch immer ausdrücken magst, gib weiter was sich in Deinen Erfahrungen ausgedrückt hat, und laß Dich von dem nähren, was andere entdeckten.

Selbstverständlich können wir weder auf die Vergangenheit und die „Tradition" verweisen, die die Meditation mit der Massage kombiniert; noch können wir von Meditation und bestimmten Künsten oder von Meditation und den Kriegskünsten sprechen. Doch haben sich Traditionen selbst irgendwann einmal entwickelt durch die Art des Tuns von Frau und Mann, ihren Entdeckungen, ihrer Geschicklichkeit und ihren Fragen.

Schließlich kannst Du das Herz Deiner Erfahrungen durch die Meditation und die Massage in Dein weiteres Leben einbringen. Hier natürlich sind die Richtlinien schwieriger. Ein Schlüssel, der hilfreich sein kann, ist der, daß viele der Meditationen – besonders jene, die die Integrierung Eurer Sensibilisierung miteinander, oder inneren und äußeren Sensationen – schon eine Stufe in dieser Richtung sind. Ein anderer, oft angeführter Schlüssel ist der Atem. Beginne hier mit Geduld, und neue Stufen und Wege werden sich Dir öffnen. Durch die Verbindung von Massage und Meditation lehrst Du Dich selbst, Wege mit einem veränderten Bewußtsein auf einem mehr „uranfänglichen" Niveau Deines Seins zu erforschen. Wege, um ein wenig der ursprünglichen Wurzel näherzukommen, aus der „Körper" und „Geist" entspringen. Laß Dich selbst in Deinem Leben herausfinden, was dies neben allen Methoden und Techniken bedeuten kann.

Sieh Dich und andere, die auf gleichen Wegen forschen, als ob Ihr eine neue Sprache erlernen würdet. Als hättest Du gerade den Rhythmus gehört, die Worte, die Grammatik. Als ob Du ein Kind am Rande der Sprache bist.

Meditationstagebuch